MAXIME DU CAMP

LE SALON

DE 1859

PARIS

LIBRAIRIE NOUVELLE

BOULEVARD DES ITALIENS, 15

BOURDILLIAT ET Cie, ÉDITEURS

1859

LE SALON DE 1859

Paris.— Imp. de la Librairie Nouvelle, A. Bourdilliat, 15, rue Breda.

MAXIME DU CAMP

LE SALON

DE 1859

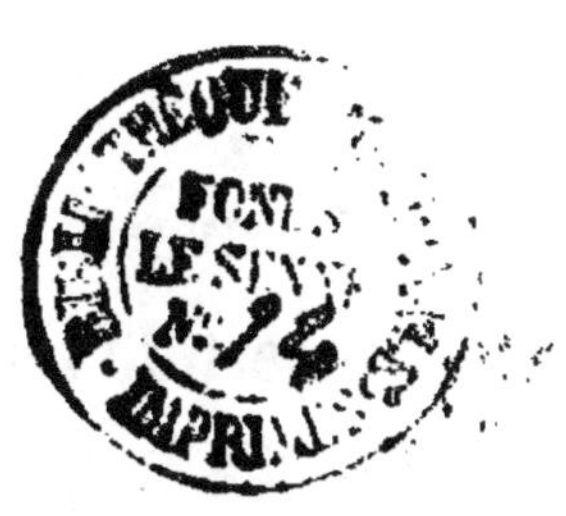

PARIS
LIBRAIRIE NOUVELLE
BOULEVARD DES ITALIENS, 15.

A. BOURDILLIAT ET Cie, ÉDITEURS

1859

LE SALON DE 1859

I

AVANT-PROPOS

L'ouverture du salon de 1859 a été précédée par un concert de malédictions à l'adresse du jury. A entendre les plaignants qui colportaient leurs doléances de tous côtés, ses sévérités avaient été excessives, injustes même et exercées, disait-on, avec une sorte de parti pris d'exclusion forcée contre certaines tendances artistiques. Le fait est-il vrai ? nous l'ignorons ; n'ayant écouté qu'une seule des parties, nous ne pouvons prononcer notre jugement en toute impartialité de conscience; mais ce que nous pouvons dire, c'est que, dès notre entrée dans les salles du Palais de l'Industrie, nous avons été douloureusement frappé par la quantité inconcevable de toiles médiocres qu'elles renferment. Parmi les 3,045 tableaux exposés, il n'y en a certainement pas trois qui ont les qualités requises pour laisser d'eux un souvenir durable. Si au lieu de se montrer difficiles les jurés avaient été indulgents, qu'aurions-nous donc vu? Et puis d'où viennent ces plaintes, pourquoi gémir si haut, de quel droit des artistes accusent-ils le jury chargé de prononcer sur leurs œuvres; et dans tout ceci, ne sont-ils pas les premiers et seuls coupables? Le droit absolu du jury n'est-il pas reconnu et consenti par eux, puisqu'ils envoient leurs tableaux à l'exposition et qu'ils ne se gênent guère pour peser de leur influence personnelle sur chacun des membres de ce tribunal redouté? Qu'ils acceptent donc les jugements avec résignation, puisqu'ils les consacrent en s'y soumettant.

Il y a eu une époque encore très-voisine de nous et dont chacun aujourd'hui garde le souvenir, où les artistes ont été appelés à exprimer librement leurs vœux et à expliquer leurs besoins; on se rappelle encore les stériles et envieuses discussions qui eurent lieu, et l'on fut étonné de voir que de mesquines rivalités d'intérêt paralysaient un mouvement qui devait être fécond. Beaucoup de bruit pour rien! L'institution du jury ne fut même pas ébranlée, seulement on la modifia dans un sens libéral, et les artistes furent jugés par leurs pairs qu'ils avaient élus au scrutin. Peu à peu l'administration intervint; les listes furent dressées de compte à demi par elle et par les exposants; en 1855, le ministère désigna le jury; en 1857, on revint simplement au vieux jury du temps passé, et l'Académie des Beaux-Arts resta seule chargée de prononcer sur les ouvrages envoyés aux expositions. Si ce jury, que pour ma part je n'accepterais jamais, ne convient pas aux artistes, s'il ne leur donne pas toutes les garanties nécessaires d'impartialité qu'ils ambitionnent, ils n'ont qu'à ne pas le subir et à ne pas consacrer son droit. Le moyen d'arriver à ce résultat est bien simple, il ne faut plus rien envoyer aux expositions bisannuelles patronées et dirigées par le gouvernement. Ce sera alors plus qu'une protestation, ce sera une libération complète.

Qui empêche les artistes de se réunir, de s'associer entre eux, de choisir, parmi ceux qu'ils croient les plus dignes, un comité directeur qui, tous les ans, prendra les dispositions nécessaires pour organiser une sérieuse exhibition d'objets d'art; il ne manque pas à Paris d'entrepreneurs qui construiront ou loueront un local *ad hoc;* les artistes seront alors débarrassés du gouvernement, le gouvernement sera débarrassé des artistes et tout le monde y gagnera. Il n'y aura plus ni jury, ni plaintes, ni vanités blessées, ni sollicitations auprès des membres de l'administration, ni injustice à redouter, ni faveur à quémander; je ne sais ce que l'art y gagnera, mais je sais, du moins, que les artistes y gagneront de la dignité et que le gouvernement y gagnera du repos.

J'ignore pourquoi l'administration ne prend pas l'initiative de cette grande mesure, pourquoi elle ne supprime pas son jury et pourquoi elle ne livre pas purement et simplement le Palais de l'Industrie aux artistes. Est-ce que par hasard elle a la prétention d'exercer une influence quelconque sur l'art contemporain? Autant vaudrait donner un mot d'ordre aux constructeurs de la tour de Babel. Il n'y a plus d'école, il n'y a plus d'armée, chacun va à l'aventure, en partisan, où le pousse sa fantaisie ou son intérêt. Pourquoi ne pas laisser le public qui, en définitive, est le seul juge compétent en pareille matière, dire librement son opinion et repousser par le ridicule vers des métiers honnêtes ceux qui se fourvoient opiniâtrément dans les sentiers de l'art? Je comprends qu'à l'époque où les salles du Louvre servaient aux expositions annuelles, les dimensions du local exigeaient impérieusement une épuration sans laquelle l'emplacement eût été insuffisant; mais aujourd'hui qu'on a les nefs immenses du Palais de l'Industrie à sa disposition, je crois qu'il serait bon de donner imperturbablement asile à toutes les œuvres envoyées. Ce serait un bon divertissement pour le public et une leçon profitable pour ces pauvres êtres affolés qui prennent leurs rêves pour des réalités et qui croient qu'ils ont du talent parce qu'ils s'imaginent en avoir. N'est-ce pas un sculpteur célèbre qui a dit : « Les artistes sont des somnambules qu'il ne faut pas réveiller? » L'exposition de 1848, de joyeuse mémoire, a été pour bien des cerveaux malades un traitement sévère qu'il serait utile de renouveler tous les ans ; la France y gagnerait peut-être de bons ouvriers, en rejetant vers les métiers honorables des hommes illusionnés qui persistent à rester dans l'art parce qu'ils accusent de leur déconvenue la sévérité du jury.

Être libre! c'est la première condition pour être dans le vrai et dans l'honnêteté. Le jour où les artistes auront compris cette vérité élémentaire, ils se seront soustraits aux influences inutiles sinon dangereuses, ils feront leurs expositions eux-mêmes et s'adresseront directement au public sans subir préalablement ces épurations qu'ils redoutent. Est-on apprès de ce moment que, nous du moins, nous appelons de tous nos vœux? Je ne le pense pas, car, il faut bien le dire, quelque pénible que soit cet aveu, dans les expositions, les artistes voient moins une question d'art qu'une question d'argent. Si l'art était le but réel que poursuivent les artistes, il y a longtemps qu'ils se seraient mis d'accord ; l'art est un être de raison qui permet l'union la plus cordiale entre ceux qui s'occupent de lui ; mais le vrai, le seul but tenté, c'est le commerce; alors la concurrence s'en mêle et la mauvaise foi aussi de temps en temps ; alors la rivalité s'émeut parmi les intérêts en jeu, la division s'augmente en se multipliant tous les jours davantage, l'on ne peut arriver à la libre possession de soi-même, et l'on est contraint à subir ce qu'on n'a pas été assez fort pour éviter.

Le résultat de tout ceci est bien simple ; l'art s'étiole de jour en jour, son niveau s'abaisse, sa mission s'oublie; mais le commerce va bien, les toiles se vendent fort cher et les artistes sont associés d'agent de change. Je ne blâme en rien cet ordre de choses, mais il serait peut-être bon, puisque les artistes n'ont maintenant d'autre but que de s'enrichir, qu'ils descendissent un peu du piédestal où ils se sont juchés et qu'ils avouassent qu'ils ne sont en réalité que des marchands de toiles peintes. De cette façon il n'y aurait plus de malentendu et le public serait à l'aise vis-à-vis d'eux comme eux-mêmes seraient à l'aise vis-à-vis du public. Sont-ils seuls coupables dans tout ceci ? Non pas ; les amateurs les ont aidés et et n'ont pas peu contribué, par certains engouements aveugles, à les pousser vers cette déchéance morale qui rejaillit si tristement aujourd'hui sur leurs œuvres. J'ai dit les amateurs, j'aurais dû dire les spéculateurs. A la suite de la vente des tableaux ayant appartenu au duc d'Orléans (janvier 1853), beaucoup de braves gens enrichis, n'entendant rien à pareille matière, se sont aperçu que l'achat des œuvres d'art était un excellent placement de fonds et qu'on risquait parfois de gagner cinq cents pour cent. Il y avait là de quoi tenter les plus raisonnables et convaincre les plus incrédules. Ces paisibles bourgeois, fourvoyés dans des goûts nouveaux qu'ils ne savaient pas régler et pour lesquels ils recevaient toutes les influences étrangères, se sont mis à acheter à tort et à travers, sans discernement comme sans besoin, croyant ingénument que le prix vénal d'un tableau fixe sa valeur artistique, et alors nous avons vu des ouvrages médiocres qui valent honnêtement douze cents francs se vendre quinze et vingt mille francs. C'est de la spéculation et pas autre chose : la denrée est en hausse ; quand elle reprendra son cours normal, il y aura des désastres. Il est assez naturel que les artistes aient suivi cette progression ascendante ; ils jalousent les prix du voisin et s'ingénient à imiter ses œuvres, puisque ce sont celles qui sont le plus demandées sur la place. Alors les préoccupations d'art qui, seules, devraient les tenir en éveil, ont fatalement disparu, et à leur place nous avons vu surgir et s'accroître une âpreté au gain qui n'a plus d'égale. N'est-ce pas au temps de ma jeunesse qu'on parlait du désintéressement des artistes? C'était hier cependant et aujourd'hui déjà les expositions n'ont plus rien à voir avec l'art; les salles du Palais de l'Industrie sont les salles d'un bazar où l'on accroche des marchandises que les chalands viennent apprécier et qu'ils payent selon leur caprice, selon la mode, selon les besoins de leur mobilier. Un peintre, un des meilleurs, un esprit sain et vif, me disait dernièrement: « Nous redoutons la critique, parce qu'un jugement sévère peut nous empêcher de vendre un tableau! » Cela est exactement vrai. Nous, critiques, nous sommes considérés par les peintres comme des sortes de commis voyageurs littéraires ayant mission de faire l'*article* à leur profit dans les revues, les journaux et les livres. Cela nous importe peu, si l'art a répudié son devoir trop lourd et trop glorieux à porter, la critique ne fera pas défaut au sien qui est de dire ce qu'elle pense à tous et quand même. Un jour viendra cependant, et qui n'est pas éloigné, si les choses ne prennent bientôt une autre tournure, où la critique d'art sera faite par des experts; elle n'aura d'autre but que de fixer le prix des tableaux; elle dira : « *La Rêverie au bord de l'eau*, par M*** (*méd. 3e cl. genre*); haut. 85 cent., larg. 1 m. 10 cent., cadre doré, châssis à clefs; prix d'estimation, fr. 825; escompte 3 p. 100.—*N. B.* On prend le papier sur Paris et sur Marseille. » Et ce sera tout. Alors on jouera sur les tableaux comme on joue sur les suifs et sur les cotons; on achètera des paysages à quatre d'écart dont deux et on fera des reports sur les tableaux d'histoire.

Hélas! les artistes devraient cependant savoir qu'il importe très-peu de vendre *cher*, mais qu'il est indispensable de faire *bien*. Cette manie de gagner de l'argent et de peindre uniquement pour vendre est devenue telle qu'on peut affirmer sans craindre de se tromper que toutes les œuvres qui se sont bien vendues à la suite d'une exposition seront imitées et presque copiées à l'exhibition prochaine. C'est ce qui arrive cette année-ci et nous ne comprenons pas trop pourquoi on a fermé le salon de 1857, puisque celui qui ouvre aujourd'hui lui ressemble tellement qu'on pourrait les confondre.

Quoi de nouveau? Rien, sauf un important effort accompli dans le paysage, par M. Français, qui du moins est un artiste de vieille roche. A part cela, nulle différence; des Bretons, des Bretonnes, des sœurs de Charité, des soldats, des coups de fusil, de la peinture officielle à dégoûter de la peinture, la mort de César au lieu de la mort de Pierrot, les Cervaroles au lieu des femmes d'Alvito, Vénus au lieu de Léda, des bords du Nil, des soleils levants, des soleils couchants, des Bédouins, de jeunes mères, des nymphes, des Locustes, des Pompées, des saint Louis, des maréchaux, des chiens courants, des vaches, des marines, des femmes décolletées, des pins d'Italie et des choux. Ces vieux sujets usés reparaissent pour la vingtième fois, rajeunis par un vernis tout neuf et réencadrés pour la circonstance.

Il ne faudrait cependant pas prendre au pied de la lettre ce que je viens de dire de trop absolu; il y a, dans l'entassement de toutes ces médiocrités, de généreuses tentatives; nous serons heureux de les citer en parlant de MM. Hippolyte Flandrin, Breton, Penguilly L'haridon, Belly, Fromentin, Bida, qui, cette année s'élève très-haut, Curzon, Troyon et autres que nous retrouverons au fur et à mesure de notre compte-rendu. Cependant quelque éloges que nous ayons à donner aux artistes qui tiennent ferme leur bannière à travers la démoralisation générale, il faut reconnaître et dire que ce salon de 1859 est loin d'approcher des anciennes expositions dont nous avons conservé le souvenir. Quelque sérieux que soient certains hommes, ils ne sont pas près encore d'atteindre à la hauteur où s'étaient élevés leurs devanciers. Je ne vois aujourd'hui aucun artiste que l'on puisse sincèrement comparer à MM. Ingres, Scheffer, Decamps, Vernet, Roqueplan, Isabey, Déveria, Delacroix qui appartinrent tous, plus ou moins, au grand mouvement de 1830. Je ne parle même pas de Gros, le seul des artistes modernes qui, à mon sens, mérite vraiment le titre de maître. Mais ceux que j'ai nommés restent encore les plus forts parmi ceux qui depuis vingt ans offrent leurs œuvres au jugement du public. On les imite, on les copie même quelquefois, mais on n'a pas encore réussi à les atteindre ; ceux d'entre eux qui vivent encore semblent même ne plus pouvoir s'égaler, et, à cette exposition, nous avons le douloureux spectacle de deux hommes remarquables à plusieurs titres qui, par l'exhibition d'œuvres incomplètes et plus que faibles, nous prouvent que pour eux l'heure du repos a déjà sonné.

D'où provient cette décadence universelle de l'art qui est d'une telle et si frappante évidence que les artistes eux-mêmes sont forcés de la reconnaître? Pourquoi cette atonie et que manque-t-il donc? Sont-ce les encouragements ? Non pas, car, quoique je vive fort éloigné des sphères officielles, je n'entends parler que de commandes et de travaux ordonnés. Est-ce la faveur du public? Non encore, car nous disions tout à l'heure que jamais le goût pour les œuvres d'art n'avait été plus prononcé. Qu'est-ce donc? Quel est cet élément essentiel qui fait défaut aujourd'hui? Le dirai-je? Et pourquoi non, puisque ma conviction l'exige ; il manque aux arts ce qui manque à la nation, le mouvement, c'est-à-dire la vie!

L'art le plus souvent n'est que le reflet intelligent de l'esprit public ; or, quand l'esprit public dort, il est assez naturel que l'art soit endormi. Autrefois, quand les hommes remarquables dont j'ai parlé plus haut brisèrent tout à coup les barrières étroites où les enfermait la tradition de l'école de David, ils eurent, pour récompense de leurs essais et pour excitation à en tenter de nouveaux, l'intérêt même que leurs efforts inspiraient. Il y avait lutte, et nous croyons ingénument que la gymnastique est aussi indispensable au cerveau qu'aux membres. De grandes questions politiques, philosophiques et littéraires s'agitaient au sein de la nation; on se passionnait, on discutait, chaque drapeau avait ses ennemis et ses défenseurs; monarchiques et libéraux étaient aux prises; romantiques et classiques se heurtaient dans le champ clos des lettres, et le public accoutumé par les luttes parlementaires à dégager son opinion de ses propres impressions, savait donner son avis raisonné sur toute chose au lieu d'accepter sans conteste celui qu'on lui impose. Des hauteurs de la politique, la liberté éclairait tout autour d'elle et sa lumière vivifiante pénétrait la littérature et les arts. Le droit que chacun avait d'exprimer ouvertement son opinion amenait des polémiques sérieuses dont les parties intéressées pouvaient faire leur profit ; la discussion amenait l'enthousiasme et l'enthousiasme enfantait de belles œuvres. La liberté est une, pour la politique comme pour les arts ; quand elle fait défaut à la première, les seconds périssent peu à peu, car la source des inspirations est tarie. Benjamin Constant a eu raison de dire : « L'indépendance de la pensée est aussi nécessaire, même à la littérature légère, aux sciences et aux arts, que l'air à la vie physique. L'on pourrait aussi bien faire travailler des hommes sous une pompe pneumatique, en disant qu'on n'exige pas d'eux qu'ils respirent, mais qu'ils remuent les bras et les jambes, que maintenir l'activité de l'esprit sur un sujet donné, en l'empêchant de s'exercer sur les objets importants qui lui rendent son énergie, parce qu'ils lui rappellent sa dignité. » C'est à la liberté que nous devons la grande éclosion du romantisme; mais aujourd'hui l'homme ne pouvant plus atteindre le ciel vers lequel tendent naturellement ses vœux, puisqu'on le contraint à replier ses ailes, a baissé les yeux vers la terre, il se contemple lui-même, et, se trouvant laid, il invente le Réalisme qui est la poésie fatale de notre époque.

Ce n'est pas le moment et ce n'est pas ici le lieu de traiter cette grande question : de l'influence de la liberté politique sur les Beaux-Arts, mais nous pouvons dire cependant qu'elle leur est indispensable. La preuve même s'en trouve dans les dernières expositions auxquelles nous avons assisté. Toutes les œuvres remarquables que nous avons eu et que nous aurons cette année à y applaudir sont dues à des hommes qui ont déjà brillé ou qui, du moins, ont fait leur éducation artistique en des temps où la libre discussion des affaires publiques ,entretenait en France un attrait pour les belles choses et un intérêt fécondant que vainement nous cherchons aujourd'hui. Nous n'aurons à signaler que deux ou trois exceptions au plus à cette règle absolue et, sans l'indiquer plus longuement, nous pouvons dire que nous les reconnaissons pour des anomalies qui n'ont pas chance de se prolonger.

La vraie force de l'école française, s'il existe encore une école française, est dans le *paysage* qui, depuis plusieurs années, a une tendance manifeste à se substituer à ce qu'on appelait autrefois la grande peinture. Cela est compréhensible et n'a guère besoin d'explication. Quand l'homme ne peut plus toucher que d'une façon très-restreinte aux nobles questions de la philosophie, de la religion, de la politique, qui sont le but offert aux efforts de l'esprit humain, il se réfugie vers la nature et va lui demander d'apaiser, par son spectacle adoucissant et ses forces profondes, les aspirations avortées qu'il a été contraint de refouler en lui. Il échappe à l'humanité où il ne trouve plus sa place, il déserte le combat parce qu'il est désarmé, et il vient dans les champs et dans les forêts chercher le calme qu'il ne sent plus en lui. Il fait plus, sa patrie même ne peut lui suffire; il passe les mers, il franchit les montagnes et s'en va vers des pays singuliers se mêler à des scènes nouvelles qui distrairont son âme; il va contempler des aspects étranges qui frapperont son esprit étonné et resteront dans sa mémoire comme un souvenir bon à se raconter pour les jours futurs; il porte ainsi sa mélancolie parmi les peuples qu'il ne connaît pas; il dort sous des cieux lointains où n'arrive pas le bruit de la terre natale; il remonte et descend les fleuves pacifiques au bord desquels marchent les flamants au bec renversé; pour fuir le présent, il se rejette violemment vers le passé; il parcourt les villes détruites, reconstruit par la pensée les palais enfouis sous le sable, et de ses courses, de ses campements dans le désert, de ses haltes sous les étoiles que les nuages ne voilent jamais, de ses longues causeries avec les tribus voyageuses, il rapporte des impressions persistantes, qu'il tâche de nous communiquer, qui nous émeuvent et nous font rêver à des pays roses pleins de repos et de soleil. Aussi les *peintres orientaux* sont en plus grand nombre que jamais et par eux la Mésopotamie, l'Egypte et l'Algérie semblent nous convier aux libertés de la nature.

II

PEINTURE D'HISTOIRE

A ce salon de 1859, un artiste, un seul, représente ce que l'on est convenu d'appeler généralement la grande peinture, c'est-à-dire cette peinture sérieuse, apte à représenter les scènes les plus grandioses de l'histoire et les intimes habitudes du foyer, qui ne sacrifie rien au hasard, ne se contente pas d'une exécution facile et brillante, qui méprise le *chic* et ne recherche que le talent, qui, dans l'humanité voit autre chose que des paquets d'étoffe et des occasions de nu, qui se préoccupe de l'âme tout en traduisant le corps dans ses manifestations multiples, qui, dans ses modèles, tente de dégager un idéal où la beauté ne ment pas à la vérité, qui jamais ne sollicite le succès par des surprises qu'elle dédaigne, qui seule continue la tradition de probité et de respect de l'art que quelques maîtres anciens nous ont léguée comme un exemple difficile et glorieux à suivre : peinture rare, en un mot, parce qu'elle est profondément honnête et qui commence si bien à disparaître de nos expositions, que bientôt on n'en trouvera plus trace. Cet artiste est M. Hippolyte Flandrin, dont tout le bagage se compose, cette année, de trois portraits.

On a dit que Raphaël avait juste assez de talent pour faire croire qu'il avait du génie ; je n'appliquerai pas à M. Hippolyte Flandrin cette phrase qui convient parfaitement au rhétoricien sublime qui peignit *la transfiguration*, mais je pense qu'il a poussé le talent et tout ce qui s'acquiert aux dernières limites du possible. En dehors des qualités qu'un travail constant et un profond amour de l'art ont pu lui valoir, il met dans sa peinture ce qui est en lui, c'est-à-dire une imperturbable honnêteté que rien ne réussit à détourner de sa voie.

Parmi les rares peintres de notre époque qui doivent laisser une trace sérieuse dans l'avenir, M. Hippolyte Flandrin est certainement un de ceux dont la mémoire subsistera le plus longtemps. Sa marche a toujours été ascendante sur ce périlleux escalier de la gloire qui se gravit en haletant, degré par degré, et où tant d'ambitieux se sont brisés en voulant l'escalader d'un seul bond. Souvent M. Flandrin a surpassé M. Ingres; moins enfermé que lui dans une tradition absolue, il a su donner à ses compositions une largeur et à ses personnages une vie que son maître n'a pas toujours connues. Sa main, un peu lourde autrefois, a pris dans le maniement de la fresque une légèreté et une adresse inconcevables; ses portraits ont l'air d'être peints au vol, et cependant il est impossible d'offrir une fermeté plus belle, une étude plus consciencieuse, une habileté plus consommée. Parler avec éloges du dessin de M. Hippolyte Flandrin, c'est presque un lieu commun; partisan convaincu de *la ligne*, il ne la sacrifie jamais à de prétendus besoins de perspective ou à des équilibres mal combinés, et tout en la respectant religieusement, il sait lui donner une tournure magistrale et puissante; mais parler de sa couleur pour la louer, ce sera peut-être étonner beaucoup les admirateurs des touches lâchées, des violentes oppositions et des colorations arbitraires; sa couleur, cependant, nous la trouvons fort belle cette année, et tout à fait irréprochable, excepté cependant dans le portrait inscrit au catalogue sous le nº 1,071. Si la teinte générale de cette toile est un peu froide, M. Hippolyte Flandrin en est-il coupable? Nous ne le pensons pas. Nous avons tous entendu répéter depuis notre enfance un vieux paradoxe dangereux pour la beauté des femmes et qui s'exprime ainsi: Le bleu est le fard des blondes. Rien ne nous semble plus faux. Le bleu est une couleur aiguë, souvent criarde, qui envoie sur la peau des reflets ternissants; les taffetas sont, entre autres, très-périlleux pour les carnations tendres qu'ils glacent de tons crus et morbides. Le modèle du portrait dont nous parlons a pu en faire l'expérience et n'attribuer qu'à son costume l'apparence un peu éteinte de toute sa figure. En revanche, nous n'aurons que des éloges à donner au nº 1,069 qui est fort beau. Vêtue de velours noir, coiffée de cheveux bruns foncés où s'agence gracieusement un bout de dentelle, une femme belle, blanche et grave est debout, appuyée contre une chaise où s'étale une épaisse fourrure de martre zibeline. La couleur nacrée de ses épaules et de son bras nu se détache vigoureusement sur un fond sombre et uni; les yeux clairs et limpides, ouverts dans des paupières entourées d'une légère teinte bistrée, regardent fermement devant eux; les lèvres pâles, surmontées d'un imperceptible duvet qui les rend plus sérieuses encore, ont une grâce sévère que ne désavoueraient pas les Minerves antiques; le bras droit replié, orné d'une simple chaînette d'or où pendent des grains de lapis-lazuli, pose sur le dossier de la chaise et soutient le visage de sa main à demi fermée; le bras gauche, nu et raccourci, est d'une vérité, d'une nonchalance d'attitude et d'une correction de dessin qui ont été rarement égalées par les plus habiles maîtres du crayon. Ce portrait seul suffirait à placer M. Hippolyte Flandrin à la tête de nos peintres actuels, et cependant, sans hésiter, je lui préfère, et de beaucoup, le nº 1,079. Ce dernier est simplement un chef-d'œuvre, digne de prendre sa place à côté du portrait présumé de Baccio Bandinelli, par le Bronzino, et auquel nous n'avons à reprendre qu'une ligne droite désagréable au contour de la manche du bras gauche. L'âme du modèle erre dans ses yeux noirs, petits, vifs, enfoncés sous une orbite profonde où se dessine hardiment un fort sourcil un peu large à la naissance, qui accentue d'une ligne vigoureuse ce jeune front abaissé sous des cheveux noirs, lisses quoique durs, que retient un étroit cordon de velours. La vie passe sur ses lèvres épaisses et quelque peu boudeuses qui doivent s'ouvrir parfois pour des éclats de rire railleurs; une robe d'un vert foncé s'harmonise bien avec les teintes méridionales de la peau; ses mains nues, d'une extrême pureté de dessin, sont entre-croisées sur les genoux et tiennent un œillet rouge. Ce personnage est assis et appuyé contre un coussin à ramages. Dans la simplicité même de ce portrait, il y a une force qui saisit et qui étonne; au milieu des œuvres brossées en parti pris d'effet, négligées jusqu'à l'impudence et tendant à des surprises souvent déloyales, cette toile ressemble à un diamant placé par mégarde dans une parure en pierres fausses : elle éblouit par sa bonne foi et par sa sincérité. Si par la tournure, le style, la *maestria* du dessin, elle m'a rappelé un portrait de Bronzino, par sa couleur admirablement équilibrée (c'est là tout le secret) et très-forte quoique sage, elle m'a remis en mémoire un chaud portrait de Giambattista Morone, que ceux qui, à Venise, ont visité avec soin le palais Manfrini, n'ont certainement pas oublié. Quand le temps aura versé l'or adoucissant de sa patine sur cette œuvre nouvelle de M. Hippolyte Flandrin, elle prendra rang naturellement à côté des tableaux des meilleurs maîtres près desquels elle ne perdra pas à la comparaison.

Ce portrait étant, selon nous, la seule *peinture d'histoire* que contienne le Salon, nous passerons immédiatement à la peinture de genre, quelles que soient les scènes qu'elle représente.

III

PEINTURE DE GENRE

Avant tout autre soin, saluons les morts ! Ils vont vite dans le monde des arts, et quand nous nous retournons en arrière, nous avons le droit d'être effrayé de toutes les croix noires qui bordent le chemin. J'ai passé à Rome la fin de 1844 ; il y avait alors naturellement à la villa Médicis vingt-cinq pensionnaires du gouvernement français ; par suite des règlements que chacun connaît, le plus âgé de tous ne pouvait avoir plus de trente-cinq ans. Sur les vingt-cinq, tous alors pleins de vie, d'espérance et de foi dans l'avenir, dix-sept sont morts! et, seulement depuis la dernière exposition, que de deuils et que de départs inattendus! D'abord Ary Scheffer, un artiste véritable, dont l'influence sur les arts contemporains aura été d'une grande importance, quoiqu'il ait peut-être trop résumé toute la plastique dans la seule expression; puis Adolphe Gourlier, un esprit ingénieux et un grand cœur que jamais n'oublieront ceux qui l'ont connu; puis Lafage, un jeune paysagiste auquel on pouvait reprocher de voir souvent la nature à travers un voile gris; hélas! ce voile c'était le suaire que, dans l'ombre, la mort filait pour lui; et, enfin, Léon Bénouville, tout jeune encore, et sur le front duquel les palmes académiques n'avaient pas eu le temps de se faner. En 1845, il avait obtenu le premier grand prix de Rome; son tableau de concours avait eu un très-mérité succès et faisait concevoir de longues espérances, qui viennent aujourd'hui s'engloutir dans sa tombe précoce. *Le Christ au prétoire* restera un des meilleurs, sinon le meilleur tableau de Bénouville; il contenait, mieux qu'en promesse, de très-sérieuses qualités de composition, de dessin et même de couleur. A son retour, il exposa, au Palais-Royal, en 1852, *le Départ de Protésilas*, qui était son dernier envoi. On put constater alors qu'un séjour de cinq ans au milieu des traditions de l'école de Rome n'avait fait, pour Bénouville, qu'alourdir sa touche et éteindre un peu ce feu de composition qu'on avait admiré dans *le Christ au Prétoire*. Son *François d'Assise*, Salon de 1853, fut acquis pour le Luxembourg, et ce fut justice, car ce tableau était réellement bon, d'une savante coloration, d'un dessin exact, d'une composition difficile et surtout d'une lumière parfaitement distribuée. L'exposition universelle ne lui fut pas favorable; on put croire qu'il y avait en lui une défaillance momentanée; mais elle ne fut pas de longue durée, car, au Salon de 1857, nous eûmes à louer *les Deux Pigeons*, toile émouvante d'un sujet bien compris, bien rendu, quoique *le faire* eût toujours cette lourdeur qui paraissait essentielle à Bénouville. Aujourd'hui, sans avoir les honneurs posthumes de cette exposition, il y tient du moins une part honorable. *Sainte Claire recevant le corps de saint François d'Assise* est de ses trois tableaux celui que j'aime le moins; la froideur n'est pas du style, et j'aurais voulu plus d'animation, plus de vie en un mot, dans cette foule monastique qui vient s'incliner devant le cadavre saint. *Jeanne d'Arc* est un sujet qui déjà, bien souvent, a été traité en France et toujours infructueusement. En 1855, nous avons vu que M. Ingres y a échoué comme les autres, plus qu'eux peut-être. Obéissant aux traditions du prétendu style noble, préconisé dans l'école académique, Bénouville aurait pu faire une sorte de Jeanne idéale, quelque belle jeune fille rayonnante du feu intérieur, une Pythonisse patriotique enlevée par les voix d'en haut, incarnant en elle le génie d'une nation et versant dans tous les cœurs l'enthousiasme qui déborde du sien. Il eût pu, au contraire, prêtant l'oreille aux suggestions du réalisme moderne, vouloir représenter Jeanne comme elle fut réellement et nous montrer une forte fille de campagne, avec les bras hâlés par le soleil, les mains durcies au travail et les pieds rendus calleux par les pierres du chemin. Il a reculé devant ces deux partis extrêmes en voulant sans doute se tenir dans une juste limite; il a fait une Jeanne d'Arc qui, déjà, n'est plus une paysanne et qui n'est pas encore inspirée. Elle est assise, en pleine campagne, sur un tertre; un large jupon rouge borde ses jambes nues; ses bras blancs sortent d'un casaquin de couleur sombre; par un geste naturel et fort bien rendu, elle est placée de façon à laisser voir son pied nu, trop propret, que retiennent ses mains réunies; elle écoute, l'œil hagard et la bouche entr'ouverte, les *voix* visibles qui lui parlent et lui offrent une épée; au fond, vers l'horizon, un incendie flambe à travers un village et près de là, paissent les moutons auprès desquels, par une idée ingénieuse et louable, le peintre a mis le cheval de bataille que Jeanne doit monter bientôt. En somme, c'est une bonne toile, mais ce n'est pas autre chose; elle était bien dans la donnée de Bénouville; lui demander plus, c'eût été lui demander ce que ses forces ne pouvaient donner. Sa mort est regrettable, car il fut un peintre consciencieux et honnête; mais il faut bien dire, qu'en le perdant, l'art n'a perdu qu'un des mille ouvriers dont l'effort ne peut jamais atteindre au but proposé. *Le Portrait de Mme Bénouville et de ses deux enfants* est une esquisse doublement interrompue, hélas! par la mort d'un des enfants et par la mort du père; dure destinée qui brise à la fois le cœur de la mère et le cœur de l'épouse ! Disposé en réminiscence franchement accusée des *charités* italiennes, ce groupe se présente bien; il est gracieux, savamment dessiné, largement préparé au pinceau et touche d'une émotion sincère, lorsqu'on voit sur les lèvres et dans les yeux de la jeune femme ce sourire de bonheur qui, si vite, a dû se changer en sanglots!

La mort a-t-elle donc aussi frappé M. Eugène Delacroix; j'entends cette mort anticipée qui paralyse la main, clôt les yeux et ôte à l'esprit la notion du juste et du vrai? Quelles sont ces peintures de revenant qu'on expose sous son nom? C'est une cruelle épreuve qne M. Delacroix fait subir aujourd'hui à ses admirateurs. Comment pourraient-ils défendre cette *Herminie* vêtue en zouave et qui a quinze têtes de hauteur? S'ils retrouvent encore quelques-unes de ses qualités de coloration dans *le Christ au tombeau* et quelque furieuse réminiscence de mouvement dans *Rebecca*, que diront-ils de ce paysage impossible, savonneux, monochrome, intitulé : *Les rives du fleuve Sebou?* La couleur elle-même est partie; des tons gris et livides ont remplacé cette harmonie qu'on aimait à louer et en faveur de laquelle on pardonnait avec indulgence tant de choquantes imperfections ! Ceci est un avertissement à M. Delacroix, que le temps du repos est venu pour lui. Voilà qu'aujourd'hui, il remet tout en question. A-t-il le droit de faire repentir ainsi les membres de l'Institut de de leurs votes complaisants? Il est un moment dans la vie où la main défaillante n'obéit plus à la pensée; il faut alors avoir le courage de rentrer dans le silence; des hommes forts, bien plus forts que M. Delacroix ne l'a jamais été, ne serait-ce que Gros, ont péri misérablement pour n'avoir pas su se retirer de la lutte à l'instant propice. Au milieu de la bataille qui s'est livrée autour de lui, M. Delacroix, saluant les deux corps d'armée alternativement, a suivi avec ténacité la route qu'il s'était proposée; il est enfin arrivé à son but; que cela lui suffise! Dans l'intérêt de sa réputation, qu'il ne sorte plus de sa retraite; il est mauvais de donner à rire quand on n'a plus les rieurs de son côté; le sentiment de la nature n'est certainement pas mort en lui; mais il ne peut plus s'exprimer. Dans *Ovide et les Scythes,* le paysage, vu de loin, offre encore de belles profondeurs et des aspects sévères; mais est-ce pour plaire au poëte que les Scythes traient devant lui la femelle du cheval de Troie? Satisfait de l'exposition universelle et des résultats qu'elle a eus pour lui, M. Eugène Delacroix devrait retourner maintenant aux travaux littéraires qu'il aime et à la musique pour laquelle il était certainement né.

S'il est triste d'assister au spectacle d'une irrémissible décadence, combien n'est-on pas heureux, en revanche, de voir de jeunes efforts s'accroître et s'avancer courageusement dans le progrès; c'est à M. Breton que nous devons cette bonne fortune, et nous l'en remercions. En 1855, il exposa des *Glaneuses* qui furent remarquées, et si la critique ne s'en occupa pas, c'est qu'elle était littéralement accablée sous la quantité des œuvres qu'on avait exhumées pour cette grande cérémonie funèbre de la peinture moderne; en 1857, *la Bénédiction des blés en Artois* obtint un succès véritable, et si l'on put reprocher avec raison à l'artiste quelques tons criards, on n'en admira pas moins un talent réel qui faisait de grandes promesses. Ces promesses, voilà que M. Breton les tient aujourd'hui. Son exposition est supérieure aux précédentes, et l'un de ses tableaux, assez étrangement intitulé : *Plantation d'un Calvaire*, est, sans contredit, la meilleure toile de ce salon après les portraits de M. H. Flandrin. La composition qui offrait forcément beaucoup de personnages vus de dos et de profil, avait des difficultés que M. Breton a su habilement résoudre par une ordonnance très-savante et en même temps très-naturelle. Il fait froid et gris ; c'est par un de ces jours d'avril si communs en France, jours humides et voilés, où les arbres poussent invisiblement leur séve vers les hautes branches, où quelques fleurs déjà sont écloses parmi les herbes reverdies, et où cependant le soleil ne peut percer encore le manteau de nuages qui enveloppe le ciel. On va planter un grand crucifix pour quelque cérémonie de Pâques, sans doute. C'est dans le petit cimetière enclos près de l'église qui, la porte ouverte à deux battants, laisse couler le flot des fidèles. La procession s'avance lentement, au chant des lugubres litanies psalmodiées par des prêtres couverts d'ornements sacerdotaux. Devant eux, marchent des frères de la Passion, vêtus de la robe grise, pieds nus, la tête largement tonsurée, et supportant, sur leurs épaules, la lourde croix ou le crucifié étend ses mains percées par les clous. Trois jeunes filles en blanc, les cheveux épars sur les épaules et symbolisant sans doute les Saintes Femmes, soutiennent, sur des coussins, les instruments de la Passion, la lance, la couronne, l'éponge et la croix. Des enfants de chœur jettent des fleurs devant leurs pas ; les notables du pays, en habit de gala (mon habit à manger le rôti, comme dit Gavarni), forment la tête du cortége et vont le front nu, tenant en main des cierges et courbant leur dos voûté vers la terre. Au loin, on aperçoit quelques ouvriers occupés autour d'un massif en maçonnerie qui doit figurer le Calvaire. Sur les flancs de la procession, quelques personnes passent à travers les tombes et regardent avec recueillement cette représentation païenne du grand drame chrétien. L'ordonnance générale et le dessin de ce tableau sont hors de tout reproche, et j'en dirai autant de la couleur, qui, tenue dans une gamme un peu sourde, voulue par le temps gris, par la nature même des costumes, est d'une harmonie très-satisfaisante. Deux groupes surtout méritent des éloges ; celui des trois jeunes filles vêtues de blanc, dont chacune est charmante, d'une expression vraie et d'un charme plein d'attraits; et un autre composé d'une jeune ouvrière, vue de profil, coiffée d'un mouchoir jaune, et tenant à la main un gamin qui court et une petite fille ; c'est pris sur le fait et idéalisé à force de vérité. La touche du pinceau est large et saine, sans empâtements inutiles, et sans cette prétendue légèreté qui laisse voir les défauts de la toile, et n'est, le plus souvent, que de l'impuissance. Les belles cariatides rustiques que M. Breton nomme *le Rappel des Glaneuses,* sont aussi fort remarquables, quoique l'effet général m'en plaise moins que celui du *Calvaire; la Couturière* est la même jeune femme coiffée de jaune que je signalais plus haut, mais assise cette fois, et travaillant humblement dans sa petite chambre. *Le Lundi* est une bonne scène de cabaret ; la touche en est un peu trop lâchée; le chien est creux et mal réussi ; mais, à part ce défaut, les attitudes sont bonnes, et j'aime surtout celle de la femme qui vient chercher le vieil ivrogne qui a le désagrément d'être son mari. M Breton prend rang aujourd'hui à la tête de nos peintres de genre. Saura-t-il se maintenir à cette place que l'abdication de M. Knauss laissait libre ? Nous le souhaitons de tout notre cœur. Malgré certaines parentés honorables, il est *lui*, il a son originalité particulière ; il dessine, il compose et il peint bien ; nous n'avons absolument que des éloges à lui donner ; nous y joindrons cependant un conseil. Les Spartiates montraient des ilotes ivres à leurs enfants pour les dégoûter de l'ivresse ; que M. Breton regarde M. Courbet pour se dégoûter du *réalisme* auquel il touche de plus près qu'il ne croit ; qu'il reste dans le *réel*, cela vaut mieux. Encore un mot, avant d'en finir avec M. Breton. Nous ne le connaissons pas, on nous a dit qu'il était fort jeune et qu'il allait partir pour l'Italie. S'il va en Italie pour faire des études, il est perdu. Son talent déjà mûr, affermi, certain, n'a rien à gagner à la copie des anciens maîtres et à la contemplation d'une nature assurément fort belle, mais si pleine de périls qu'elle a nui à presque tous les paysagistes modernes qui ont voulu la reproduire. S'il va en Italie, qu'il n'emporte ni un crayon, ni un pinceau ; qu'il se promène, qu'il regarde, qu'il admire, mais qu'il ne travaille pas. Il y va pour lui de son originalité et de son talent.

Entre M. Breton et M. Curzon, il y a plus d'un rapport ; non pas certainement dans la façon de peindre qui est absolument dissemblable, mais dans les efforts de bon aloi que ces deux artistes font pour arriver au bien. Si quelque chose fait encore défaut à M. Cuzon, ce n'est certainement pas l'intelligence ; il voit bien, choisit avec discernement, et sait grouper habilement ses personnages ; ce n'est pas l'idéal non plus, car, tout en prenant ses sujets dans la vie réelle, il sait leur donner un style et une tournure qui ne font qu'en accuser la vérité ; c'est la main qui est encore un peu faible peut-être, qui parfois semble prise d'hésitation et garde à sa peinture des apparences plates qui la font ressembler à des aquarelles à l'huile (qu'on veuille bien me pardonner l'association impossible de ces deux mots). Parti du paysage historique dont il obtint le premier grand prix, M. Curzon s'est dégagé peu à peu, et très-courageusement, des mauvaises traditions qui immobilissent encore aujourd'hui MM. Paul Flandrin, Aligny, Lecointe et autres ; à travers ses courses et ses voyages, l'humanité lui est apparue non plus comme un accessoire, mais comme le but principal qui devait tenter un esprit élevé ; cette ambition est trop généreuse pour que nous en puissions blâmer M. Curzon. Il est déjà récompensé de ses efforts ; son talent grandit chaque jour, et cette exposition nous prouve, à cette heure, qu'il a fait un grand pas en avant. Les huit tableaux qu'il offre au public et qui tous indiquent de fort remarquables qualités, affirment de sérieux progrès. *Près des murs de Foligno* est un bien simple sujet, mais il a été traité avec une si grande force de sensibilité, qu'il arrête et retient le regard. Une ferme, une mare, deux femmes, un bouquet d'arbres, et, sous un ciel assombri, à l'horizon, un aqueduc et quelques montagnes. Sans des tons rosâtres qui ne me plaisent guère sur les murs de la maison et dans l'eau, je ne vois rien qu'on puisse reprocher à ce petit tableau qui est doux, reposé, lumineux, plein d'une rêverie crépusculaire, et vraiment fait pour plaire à ceux qui aiment la nature calme, prise dans un aspect général dont nous avons tous senti plus ou moins la puissance. *La jeune Mère*, à laquelle on a fait, avec justice, les honneurs du salon carré, est une tentative heureuse vers la grande peinture, et si elle n'a pas toutes les perfections désirables, elle a, du moins, un style extrêmement heureux. Cette chaste figure, blonde et gracieuse, est assise près d'un berceau où repose un enfant endormi, assez beau et assez fort pour rendre toutes les mères légitimement orgueilleuses. Sur ses genoux, écartés par le mouvement des pieds croisés en X, elle a posé son rouet, et elle travaille tout en surveillant le sommeil du baby; le plaisir n'y perdra rien cependant, car sur la muraille, près d'un lierre grimpé, voilà un tambourin et des castagnettes. Est-elle trop grande pour sa tête, sa tête est-elle trop petite pour sa taille? c'est ce que M. Curzon doit savoir; je me contente de lui signaler ce défaut qui est très-palpable. La jeune mère, du reste, est charmante, d'un blond très-vif, avec de beaux bras blancs et une si profonde tranquillité répandue sur tout son joli visage, qu'elle fait plaisir à voir. *Psyché* me plaît moins, quoique ce soit une très honorable toile. L'artiste a cherché à rendre la naïveté et, sans trop s'en apercevoir, peut-être, il n'est arrivé qu'à représenter l'étonnement; Psyché ouvre des yeux trop ronds, mais en revanche elle marche en avant par un mouvement très-bien réussi, et avec des pieds merveilleux que Cendrillon eût enviés; les tons vaporeux abondent un peu trop aussi ; je sais que le sujet les commandait presque, mais ils offraient un péril que M. Curzon n'a pas su éviter aussi complétement qu'on aurait pu le désirer. Psyché, du reste, porte fort gentiment sa petite boîte bleue sans trop se soucier du gros Cerbère qui hurle après elle. De toutes les fables que l'antiquité nous a léguées, je n'en connais pas de plus profondément belle que celle de Psyché ; la légende de l'âme est éternelle, et elle a beau sortir du Tartare, elle entend toujours les aboiements de Cerbère.

Si nous avons cru devoir reprocher à M. Curzon sa peinture un peu plate, nous sommes forcés de reprocher à M. Hébert d'amollir la sienne plus qu'il ne convient et d'arriver à l'afféterie en s'obstinant à ne chercher que la grâce et le sentiment. M. Hébert est un artiste trop sérieux pour qu'on lui cache la vérité, et il connaît trop notre admiration pour prendre nos observations en mauvaise part. Nous étions en droit d'attendre de lui plus et mieux ; il reste volontairement dans le *pittoresque*, où il s'enferme au lieu de tenter d'arriver à la grande peinture de style dont il a fait l'apprentissage nécessaire et où le pousse son talent, qui s'y rajeunirait et surtout s'y fortifierait. Ce qui manque à sa peinture ce n'est ni la science, ni l'étude, ni l'intelligence; c'est la santé; elle a les pâles couleurs; or la chlorose se guérit, il ne s'agit que de vouloir se traiter. Les tons *flous*, vaporeux et comme indécis que M. Hébert affectionne plus que de raison, pouvaient convenir à *la Malaria*, toile magistrale dont le sujet triste comportait volontiers ces teintes voilées que j'appellerai la rêverie de la couleur; mais pour représenter trois gaillardes vigoureuses qui descendent un escalier, il fallait un pinceau solide et un ferme coloris que je cherche en vain. L'agrandissement systématique des yeux, donne à ces belles figures une apparence maladive et presque malsaine que démentent leur force extérieure et leur vigoureuse prestance. Cette coloration, que j'oserai appeler lymphatique, et dont l'artiste abuse, l'a entraîné hors de la nature et de la vérité; les ombres qu'il répand sur le visage de ses personnages sont vertes et leurs pieds sont lilas. Si, comme je le crois, mû par un esprit rêveur et mélancolique, M. Hébert a cherché à donner à ses figures une grâce touchante qui émeut, il a dépassé le but cette année, il n'est arrivé qu'aux apparences morbides; toutes ses femmes ont l'air de mourir de consomption; dans *Rosa Nèra à la fontaine*, ce malaise de la brosse et du crayon est très-visible; c'est *la Chute des feuilles* en Italie, et si je ne voyais parmi ces femmes poitrinaires, une vieille assise à l'extrémité gauche, tenant ses genoux dans ses mains croisées, et qui est une très-belle figure, réussie à souhait, je douterais que M. Hébert pût sortir de la voie pernicieuse où il s'est engagé et où le maintiennent les conseils de quelques amis maladroits. Mais M. Hébert est jeune encore, il sait son métier mieux que personne, il est artiste et très-doué, il n'y a donc pas lieu de désespérer et il saura réaliser toutes les espérances que l'école française avait eu le droit de concevoir. Un moment nous avons cru que, renonçant aux tableaux de genre auxquels il donne la dimension de tableaux d'histoire, M. Hébert allait aborder franchement, comme son talent le lui commandait, la grande peinture; son *Baiser de Judas*, du salon de 1853, et actuellement au musée du Luxembourg, était une tentative hardie, très-neuve et qui, par le succès qu'elle obtint, prouvait à l'auteur que la voie était bonne à suivre. Il y avait, en effet, dans cette toile un grand style, de la composition, une coloration habile, très-appropriée à la scène et de plus une réelle émotion; par là, M. Hébert nous prouvait qu'il était apte aux grandes choses, puisqu'il savait les comprendre. Mais hélas! dans l'œuvre du jeune peintre ce fut comme une exception, une sorte de coup de tête vers la peinture sérieuse et bien vite il revint vers ce genre ambigu qui lui avait valu son premier succès. Sous les titres de : *Fille d'Alvito, Crescenza à la prison* (1855), *les Fiénarolles de San-Angelo* (1857), *les Cervarolles, Rosa Nera* (1859), il refait toujours *la Malaria;* c'est assez, c'est trop. Chose étrange! dans l'Italie qu'il habite et fréquente, M. Hébert n'a jamais été frappé que par l'exception et rien de général ne l'a séduit; dans le pays de la santé il ne voit que la maladie, dans le pays du soleil il n'aime que le brouillard. Cette disposition est douloureuse à constater dans un artiste vraiment remarquable; elle l'entraîne si loin aujourd'hui que ses modèles pourraient s'en plaindre. *Madame la marquise de L.*, dont le portrait, du reste, est fort louable, a un air souffrant qui contraste singulièrement avec la fermeté de ses lignes. Malgré leur beauté imposante, *les Cervarolles* ne nous émeuvent pas; elles mentent, elles ne sont pas si malades qu'elles en ont l'air; elles ont beau ouvrir la bouche comme si l'air manquait à leur poitrine, nous sentons à les voir qu'elles respirent largement et à pleins poumons. La transparence et, pour ainsi dire, la translucidité de leurs chairs ne nous touchent pas non plus, car, en Italie, le mal donne au visage des aspects bronzés à reflets jaunes et non pas ces teintes diaphanes qui conviendraient peut-être à des Irlandaises aspirant les brouillards et vivant sous la pluie. Je ferai à M. Hébert un autre reproche encore: la jeune fille vue de face qui est le personnage principal de sa composition est assurément fort belle, campée avec soin, dessinée avec amour et bien comprise au point de vue du mouvement, malgré l'extrême mollesse d'exécution des vêtements qui la couvrent; elle renverse la tête en arrière pour mieux supporter, en descendant, le lourd vase de cuivre qu'elle soutient; le visage est donc en raccourci. Pourquoi le front ne fuit-il pas et se présente-il comme si le visage était dans la normale attitude du repos? Si, semblables aux *Filles d'Alvito, les Cervarolles* s'étaient détachées sur le fond bleu du ciel, nous croyons que tout le tableau y eût gagné ; l'air manque autour de ces femmes, et le fond de briques, exécuté avec une mollesse si malheureuse qu'il ressemble à du coton cardé, semble les étouffer de tout son poids. Nos critiques sont sévères, mais elles ne sont que justes; elles doivent prouver à M. Hébert en quelle sincère estime nous le tenons. Plus ambitieux à son égard peut-être que lui-même, nous avions rêvé pour lui des gloires durables et un grande carrière. Il nous semblait, et déjà nous l'avons dit ailleurs, qu'entre les froideurs de M. Ingres et les excès de M. Eugène Delacroix, il y avait une école très-sérieuse à fonder, école où le style n'eût pas exclu le mouvement et où la ligne se fût alliée à la couleur, et que cette école, que nous appelons de tous nos vœux, pouvait avoir M. Hébert pour chef. Faut-il donc renoncer à cet espoir? Que manque-t-il donc à M. Hébert pour tenter cette aventure? Rien assurément. Il est artiste et peintre, il conçoit et sait exécuter; il aime les belles choses et tout ce qu'il fait, quoi qu'en puisse dire la critique la plus revêche, se meut toujours dans le domaine de l'art, ce qui est un fait presque unique aujourd'hui. Pourquoi ne secoue-t-il pas les vieilles langueurs qui l'affaiblissent, pourquoi reste-t-il dans son petit sentier personnel au lieu de mettre enfin le pied sur la grande route de l'art? Ne se souvient-il plus qu'un de ses premiers envois de Rome a été la copie d'une des sibylles de la chapelle Sixtine? Pendant qu'il étudiait son œuvre, le vieux maître par excellence ne lui a-t-il rien murmuré à l'oreille? ne lui a-t-il pas dit qu'il fallait chercher la grandeur et la force et que tout sacrifier à la sensibilité était un jeu dangereux qui ne pourrait plaire qu'à une mode momentanée? Des enseignements de Michel-Ange, M. Hébert n'a-t-il donc rien gardé dans sa mémoire? A-t-il donc été aussi atteint par cet affadissement qui maintenant fait chaque jour parmi nous des progrès terribles? Car, il faut bien le dire, ce qui manque surtout aux peintres de notre époque c'est la santé, c'est le tempérament. La fibre est lâche et molle, on se traîne on ne marche plus; en voilà assez cependant de ces œuvres poitrinaires, de ces peintures à l'agonie, de cet appauvrissement général du sang artistique ; assez d'ombres, de brouillards, d'humidité, de moisissure ; au nom du ciel donnez-nous du soleil, de la force et de la vie, au lieu de ces élégances de maison de santé et de ces grâces d'hôpital !

Nous ne redoutons rien cependant pour M. Hébert, et nous sommes convaincus qu'aux prochaines expositions il prouvera à la critique qu'elle a eu raison d'avoir foi en lui, et qu'il s'est promptement relevé d'une courte défaillance. Puisque nous parlons de défaillance, disons quelques mots de M. Paul Baudry, car la sienne est grave cette année. M. Baudry n'a guère à se plaindre de la critique ; elle a surmené l'opinion pour lui faire un succès ; on a même été jusqu'à dire, je crois, qu'il avait emprunté son pinceau au Titien : s'il le lui avait emprunté, il le lui a certainement rendu. C'est traiter le public avec une irrévérence coupable, et donner de son respect de l'art une étrange opinion, que d'envoyer au salon une esquisse informe comme celle qui est exposée sous le titre de *Guillemette*. Ces sortes de choses sont bonnes à garder à l'atelier. Souvenir trop directe de *l'Infante* de Velasquez, cette ébauche, traitée sans façon, ne vise qu'à l'effet, et ne peut soutenir l'examen pendant deux minutes : c'est peint à coups de pouce. Le ton gris de la toile même forme le tissu de la robe, relevé çà et là par quelques touches grises, bleues et noires, appliquées avec beaucoup de *chic*, il est vrai, mais avec un laisser-aller qui frise de près l'excessive négligence. La tête est fine néanmoins, bien éveillée, quoique salie par des frottis d'une couleur de cendre, qui paraît aujourd'hui être la nuance de prédilection de M. Baudry. Cet artiste possède des dons naturels qui sont rares, et qui auraient dû l'engager à travailler sérieusement pour les augmenter. Il a l'entente naturelle de la couleur, et, dans son coloris, une sorte de distinction qu'il est bon de constater et d'applaudir ; mais quelque mauvaise fée sans doute est intervenue au jour de sa naissance ; elle lui a donné pour le dessin une main inhabile ; elle lui a ôté le pouvoir de reconnaître et de rendre l'expression, et enfin, maléfice grave, elle l'a privé absolument d'imagination, c'est-à-dire d'invention, ce qui est un point capital dans les arts. En effet, quelle est la manière de procéder de M. Paul Baudry ? elle est très-simple, et si dénuée de malice, qu'elle se dénonce d'elle-même au premier coup d'œil. Il prend un modèle, le premier venu, il le déshabille, l'asseoit au bord d'un puits, et c'est *la Fortune*; il le met debout, vu de face, dans un bois, c'est *Léda*; il le place de dos, c'est *Vénus*; il le couche et l'enveloppe en partie d'une draperie bleue, et c'est *la Madeleine*. Non, ce n'est ni la Madeleine, ni Vénus, ni Léda, ni la Fortune ; c'est un modèle, et pas autre chose. Dans ces quatre types si différents, il ne voit qu'une femme, et dans cette femme, il ne voit qu'une chair. Est-ce assez ? Non pas ! Aussi, qu'arrive-t-il ? Séduite par des qualités de fraîcheur et de distinction, la mode adopte tout à coup, du jour au lendemain, le jeune artiste : il suffit à peine aux portraits qu'on lui commande ; il est chargé d'exécuter des décorations qui en amèneront d'autres, ceci soit dit sans calembour, on le préconise, on le pousse, on crie ses louanges, on parle d'avance de ses travaux, et quand ces mêmes travaux, si célébrés prématurément, sont livrés au public, on s'aperçoit qu'on s'est trompé, on reconnaît que les espérances avortent ; toute cette fumée, tout ce bruit disparaissent au grand jour, et les amis désillusionnés récitent, comme un *mea culpa*, la fable des *Bâtons flottants*. M. Baudry n'est pas coupable de tout ceci ; on l'a grisé ; l'opinion l'a surfait, et elle est injuste en retournant aujourd'hui contre lui les éloges qu'elle lui a jadis prodigués un peu trop à l'aventure. M. Baudry n'est point un grand homme, et M. Baudry n'est point perdu ; M. Baudry est un artiste très-bien doué de la nature, qui, avec du travail et une constante étude, arrivera certainement à produire de bons tableaux, mais qui, jusqu'à présent, à part deux portraits qui sont remarquables, n'a encore fait que des promesses. Seulement, et je le constate avec peine, les promesses du salon de 1857 étaient plus sérieuses que celles d'aujourd'hui. *La Toilette de Vénus* est une jolie toile, gracieuse, bien peinte même, d'un ton harmonieux distingué ; les personnages, dessinés un peu de fantaisie, ont d'agréables carnations nacrées ; le paysage est bon, un peu trop uniforme de composition peut-être dans la partie gauche, mais aéré et frais. M. Baudry excelle à manier le bleu ; il le place adroitement par touches légères qui font bon effet, mais il ne faudrait pas abuser de ce moyen, qui deviendrait vite une *ficelle*. Qu'est-ce que fait donc l'Amour avec ce miroir où il ne peut se voir ni refléter le visage ou la poitrine de sa mère? Nous craignons de comprendre quelle a été l'intention du peintre. M. Baudry fera bien de ne pas jouer avec ce genre de plaisanterie; ces coquetteries à la Crébillon fils n'ont rien de commun avec l'art. La pénitence n'a point maigri *la Madeleine;* seulement, de l'habitude qu'elle a sans doute prise, par humilité, de se couvrir de cendre, elle a gardé une teinte cendrée et malpropre qui m'étonne chez cette grassouillette personne qui a les ongles si bien soignés et le regard si limpide. Elle est assise, s'appuyant d'une main sur la terre, demi-couchée sous une grotte qui laisse probablement pénétrer la lumière de tous côtés, car le personnage est éclairé également à droite, à gauche et de face; près d'elle, quelques chardons ont fleuri (touches de bleu), et sont comme un ton de rappel avec les teintes bleues de la draperie qui, couvrant le bas du corps, laisse voir à nu la poitrine et les bras. Au fond, on aperçoit un paysage assez insignifiant. C'est une jolie étude de femme blonde, au point de vue de la coloration générale; mais ce n'est assurément pas, comme le prétend le livret, *la Madeleine repentante.* Un portrait de femme que nous ne désignerons pas autrement, et qui, du reste, n'est pas inscrit au catalogue, offre d'aimables qualités malgré l'extrême prétention de la pose du bras droit et malgré le mauvais goût des accessoires. Mais en regardant ce portrait avec soin, on serait tenté de croire que M. Baudry n'a point débarbouillé son modèle. Cherchant une note mère pour son harmonie générale, il l'a trouvée, cette fois encore, dans la nuance cendrée des cheveux blonds qui, du reste, sont traités à ravir, et il a étendu cette nuance sur tout le visage, sur les épaules, sur les bras, sur la robe. Si au lieu de rendre son pinceau au Titien, M. Baudry l'eût gardé encore cette année seulement, il aurait compris que les maîtres coloristes n'ont jamais procédé ainsi, et que cette façon de fondre tous les tons particuliers dans une seule teinte générale pour obtenir un ensemble agréable aux yeux, est une invention toute moderne inaugurée par M. Delacroix, qui fait des femmes bleues (*Entrée des Croisés à Constantinople*) et des chevaux roses (*Triomphe de Trajan*). C'est aussi ce procédé qu'emploient les tisserands de cachemire pour leurs châles ; mais ce qui convient aux étoffes n'est pas admissible pour les tableaux. M. Baudry fera donc bien de revenir à une manière plus difficile peut-être, mais à coup sûr plus loyale et plus artistique. L'exposition de M. Paul Baudry annonce-t-elle donc un si grand affaiblissement? Non pas, car voici, sous le nº **167**, un portrait tout à fait magistral. C'est là de la peinture réellement bonne et puissante, et ce portrait est si beau que nous le préférons même à celui de M. Beulé (Salon de 1857). La touche très-large et très-serrée en même temps fait jaillir la vie sur ce visage accentué d'un nez en bec d'aigle et alourdi par un menton engorgé vers la lèvre inférieure comme celui de quelques rois d'Espagne. L'œil, d'un bleu nocturne, regarde réellement, et les lèvres semblent prêtes à s'ouvrir pour une voix retentissante ; le costume, notre laid costume moderne, est traité de main de maître, sans atténuation aucune, franchement, comme doit faire tout artiste sûr de sa force. Cette toile est très-belle, glorieuse à compter dans son œuvre et elle ranimerait toute nos espérances hésitantes si je ne décrouvrais, sous une signature écrite en poudre d'or, le nom de Rome et la date 1855. C'est à cela, c'est à cette bonne façon de peindre, c'est à cette conscience, à ce lent travail, à cette étude approfondie, à cette surprise de la vie fixée sur la toile, à cette solidité de pâte, à ce franc coloris, à ce dessin minutieusement étudié, c'est à cette honnêteté qu'il faut revenir, et laisser de côté, pour toujours, les Guillemettes, les tons cendrés, les frottis intentionellement sales et les amours plus curieux qu'il ne convient. M. Paul Baudry peut, il n'a qu'à vouloir. Qu'il imite les compagnons d'Ulysse; qu'il coule hardiment de la cire dans ses oreilles, car le chant des sirènes a causé bien des morts. Si nous étions à la place de M. Baudry, sachant ce qu'il sait déjà, et doué comme il l'est, nous quitterions Paris, nous irions vivre pendant un an ou deux à la campagne, non pas en Italie, en France; nous demanderions à la nature de nous donner ces grands enseignements qu'elle réserve à ceux qui l'aiment et nous reviendrions fortifié par cette communion avec les choses éternellement vraies et belles. Nous croyons qu'il n'est que temps, car sa peinture se ressent déjà de la corruption des grandes villes. Il est probable, sinon certain, que M. Baudry ne suivra pas ce conseil qui cependant pourrait lui rendre une santé déjà fort affaiblie; alors, comme nous sommes incorrigible, nous en hasarderons un second ; nous disions à M. Breton de regarder M. Courbet, nous dirons à M. Baudry de regarder M. Winterhalter, car bientôt, comme lui, s'il n'y veille très-courageusement, il ne sera plus qu'un faiseur de portraits.

Cette défaillance n'est, du reste, pas la seule que constate l'exposition actuelle, et il est vraiment triste d'assister à cette décomposition des talents soutenus jusqu'à présent et aimés par le public. M. Charles Comte, dont bien souvent déjà l'éloge s'est rencontré sous notre plume, expose sous le titre : *Alain Chartier et Marguerite d'Écosse*, un tableau qui est franchement mauvais et où je cherche en vain les qualités de finesse et d'élégance que nous avions autrefois été si heureux de signaler. La route de l'art est fatale ; on descend dès qu'on ne monte plus et il n'est pas permis de s'y arrêter. Pour reconquérir tout l'espace laissé par lui entre cette œuvre et celles qui l'ont précédée, M. Charles Comte doit faire un vigoureux effort ; les récompenses méritées qu'il a obtenues à la fin du salon de 1857, lui font-elles donc croire que tout est dit pour lui, qu'il est *arrivé* et qu'on fermera les yeux sur cette décadence inattendue? J'espère que non, car alors le mal serait sans remède, et nous voyons dans *le cardinal Richelieu* les preuves que M. Charles Comte peut se relever de la faiblesse qui l'a tout à coup paralysé quand il peignait *Alain Chartier.* Le tableau de M. Glaize n'est pas une défaillance, c'est un suicide avec préméditation, et nous n'en parlerions pas si nous ne voulions planter une croix funèbre sur la tombe d'un artiste qui, pendant quelques jours, a eu du talent. *Requiescat in pace!* Et que penser de M. Diaz? Si je retrouve encore dans ses tableaux quelques qualités lumineuses, trop directement empruntées aujourd'hui à la manière de Prud'hon, quelle lourdeur de touche en revanche, quelle hésitation de dessin, quel affaiblissement général ne nous faudra-t-il pas constater? S'il n'est tout à fait mort, M. Diaz est du moins bien malade. Nous en dirons autant de M. Hamon, auquel les avertissements n'ont certainement pas manqué; l'*Amour en visite* est une sorte d'élégie à la Diafoirus qui prête aux jeux de mots les plus ridicules, qui est lourde, cotonneuse et tout à fait indigne du peintre élégant, quoique souvent précieux, dont on aimait les œuvres. L'école des *Pompéistes* à laquelle appartenait M. Hamon est du reste à la débandade et son vrai chef aujourd'hui, si tant est qu'elle en ait un, nous paraît être M. Schutzenberger, qui a un très-vif et très-réel talent. Je n'aime cependant pas sa *Vénus;* toutes les Vénus qu'on nous montre avec ou sans conque, assise ou debout, seule ou entourée d'amours, sortant des flots ou se promenant à Paphos, ne sont jamais qu'une femme plus ou moins jolie; or Vénus était plus qu'une femme, elle était la Beauté même et il nous paraît qu'il faut être très-sûr de son imagination et de son génie pour oser aborder un semblable sujet. Il y a dans le talent de M. Schutzenberger beaucoup d'esprit et en même temps une sorte de sensibilité rêveuse, ce qui lui donne un cachet particulier et pour ainsi dire spécial; son dessin est serré, sa brosse est très-fine et ne néglige aucun détail tout en respectant l'ensemble, ce qui est le contraire de M. Gérôme qui maintenant sacrifie toujours l'ensemble aux détails. Des cinq tableaux exposés par M. Schutzenberger celui que nous préférons est intitulé : *Les premiers astronomes;* une belle nuit nacrée, un peu trop claire peut-être, enveloppe la nature de ses voiles constellés; les troupeaux dorment et les moutons amoncelés ressemblent de loin à des sillons blanchissants; devant un feu dont la fumée monte dans l'air introublé, les chiens de garde sont accroupis, ne sommeillant que d'une oreille, prêts à s'élancer au premier bruit; leur maître est là, le berger chaldéen, vêtu d'un sayon de bouc, les jambes nues, la tête serrée du coufieh, debout, appuyé sur son haut bâton et levant la tête vers les astres resplendissants; derrière lui s'ouvre la tente de pasteurs qui suit les longs troupeaux à travers les pâturages et abrite le maître qui veille sur eux. La figure chercheuse, l'expression absorbée du berger sont parfaitement rendues, et quoique M. Schutzenberger ait évidemment triché en donnant à sa nuit une coloration trop claire, nous ne pouvons que louer ce tableau qui est excellent. *Une mauvaise rencontre* est une très-spirituelle composition et une bonne peinture qui ne fait que gagner à être examinée de près. Sous le chemin herbu de la forêt, tout pénétré par les rayonnements verts que le jour arrache aux arbres, une forte, belle et honnête fille de bûcheron, blonde, appétissante et grasse, est accostée par un drôle de mine peu rassurante qui, le fusil en bandoulière, la pipe à la bouche, la lèvre sensuelle, le nez proéminent, à l'œil sollici teur, hasarde, plus qu'il ne faudrait, son bras autc de la taille rebondie de la jeune fille; heureusement cette dernière porte une solide serpette à la main, car, sans cela, je ne serais pas rassuré. C'est bon, dans une donnée très-sage et bien exécutée. C'est aussi aux Pompéistes que nous rattacherons M. Aubert, qui, sous le titre de *Rêverie* expose une très-jolie étude de jeune femme blonde vêtue à l'antique et assise, songeuse, au bord de la mer. C'est simple et fin, d'un aspect agréable et d'une harmonie qui serait tout à fait plaisante, si le bleu du collier en lapis-lazuli ne détonnait un peu, par sa violence, sur la coloration générale; Montaigne aurait dit : Je ne compte pas mes couleurs, je les pèse; en effet, c'est dans l'équilibre exact de leurs vibrations que se trouve le secret du coloris. M. Toulmouche a fait de notables progrès depuis quelques années et sa peinture proprette, consciencieuse et fort minutieusement étudiée, semble acquérir maintenant un peu de cette force qui lui manque encore. *La Prière, la Leçon, le Château de Cartes* sont trois aimables tableaux d'intérieur, sans grande prétention, et qui touchent par leur simplicité même. M. Bouguereau semble chercher sa voie; aujourd'hui il aborde la peinture de genre, imitant en cela tous les premiers grands prix de peinture d'histoire; est-il bien nécessaire de passer cinq ans à Rome dans la familiarité des maîtres du style et du grandiose pour produire ces œuvres, gracieuses peut-être, mais où manque à coup sûr la force que l'on est en droit de leur demander? C'est résoudre la question que de la poser. Si l'on envoyait les lauréats en Hollande étudier les peintres de genre, peut-être deviendraient-ils des peintres d'histoire. Quoi qu'il en soit de ces considérations si connues et si évidentes qu'elles en sont réduites à l'état de lieu commun, il faut féliciter M. Bouguereau d'avoir abandonné les *Inondations* officielles et d'attaquer aujourd'hui un sujet réellement humain, la douleur. *Le Jour des morts* représente deux femmes vêtues de noir, se tenant embrassées, en larmes au pied d'une croix tumulaire qu'elles entourent d'une couronne d'immortelles. C'est très-doux et très-triste; le sujet, il est vrai, était facile à traiter, mais M. Bouguereau l'a mené avec un soin louable et il s'est tiré avec habileté des difficultés de coloration que l'assemblage des noirs pouvait lui offrir; nous recommanderons aussi les tableaux de M. Gustave Boulanger qui fait preuve de talent et de bon vouloir dans *Lesbie, Lucrèce* et dans les *Pâtres arabes*, quoique nous ne soyons pas complétement satisfait des tons trop transparents de cette dernière toile.

J'ai beau hésiter et faire l'appel de tous les soldats pour reculer le moment pénible de m'occuper de leur ancien général, il faut bien cependant que j'en arrive à parler de M. Gérôme. Que dire de lui, sinon qu'à force de s'occuper des détails il ne voit plus les ensembles et qu'il est devenu un peintre d'accessoires. Un peintre? Est-ce bien de la peinture, cette couche diaphane et crue qu'il applique sur ses toiles? J'en doute, et je ne trouve plus aujourd'hui les qualités artistiques du *Combat des coqs*, *de Pœstum*, du *Siècle d'Auguste*, qui valurent à M. Gérôme une juste renommée. Ses tableaux ressemblent maintenant à des planches faites à la lithochromie et destinées à illustrer un livre d'archéologie élémentaire. A force de chercher la petite bête, M. Gérôme ne trouve plus qu'elle. Ce procédé, de séduction facile sur le public, est-il fait pour contenter un artiste sérieux?

Je ne le crois pas ; car, volontairement, le peintre ravale ses compositions au rang de vignettes coloriées. Cet amour du détail pour le détail même apparaît de tout son mauvais éclat dans *le Roi Candaule* (ô Stratonice !). Sa femme, dont Gygès a grand tort de devenir amoureux, car elle est fort mal faite, se déshabille littéralement dans un magasin de curiosités : cassolettes, flabella, coffrets, boucliers, vases, escabeaux, tabourets, fauteuils, lampadaires, tout le bric-à-brac antique est là minutieusement représenté. Les divinités abondent aussi, comme bien vous pensez, non pas au point de vue de l'histoire, mais au point de vue d'une fantaisie panthéistique assez baroque, car, à côté d'une Minerve grecque, voici une Isis égyptienne et, qui plus est, un Ganésa hindou ; il eût peut-être été raisonnable de donner à ce dernier dieu sa couleur hiératique, qui est le violet. Ce défaut, qu'on pourrait jusqu'à un certain point excuser dans un sujet de boudoir comme *le Roi Candaule*, devient absolument condamnable dans une toile à prétention semblable à l'*Ave César*. Quoi ! dans ce fait immense des combats de gladiateurs, qui nous apparaît comme la quintessence historique du vieux monde romain, M. Gérôme ne voit qu'un prétexte à casques, à cuirasses, à velarium, à knémides, à filets de retiaires et à statuettes; j'en douterais, si je ne le voyais pas. Ah ! ce n'est pas ainsi que les poëtes ont compris ces luttes étranges dont le seul souvenir nous étonne encore. *Ut pictura poesis!* La poésie, dans ce cas, laisse la peinture très-loin derrière elle. *Le Gladiateur de Ravenne*, de Frédéric Halm (M. Munch Bellinghausen), est un chef-d'œuvre de mouvement et d'entrain, si je le compare au cirque de M. Gérôme :

« Comment dis-tu? Un jeu dégradant? quand Rome entière se met en fête, quand César, le sénat et les chevaliers romains se rendent en cortége solennel au cirque où débordent déjà les flots tumultueux du peuple ; quand ensuite, sur un signe de César, les barrières s'abaissent devant les combattants, et qu'il se fait un silence, un silence comme si jamais la parole n'eût existé; quand enfin le signal retentit, que les coups tombent, que celui-ci s'avance, que celui-là, esquivant le coup, lance d'un jet prompt son filet sur le casque de son adversaire ; que celui-ci se dégage, est enlacé de nouveau, frappe, est frappé, saigne, chancelle, présente même en tombant la poitrine à l'ennemi, reçoit le dernier coup et meurt ; quand ensuite, comme une trombe, comme un tremblement de terre, éclate ce tonnerre des applaudissements et descend sur la tête enivrée du vainqueur ; que roses et lauriers pleuvent autour de lui, que César lui sourit et que des milliers de voix acclament son nom à travers les airs... c'est là un jeu, un jeu dégradant? c'est la victoire, c'est la gloire, c'est la vie [1] ! »

Et dans *Melænis,* le magnifique poëme de M. Louis Bouilhet, quelle fougue, quelle verve, et quelle science en même temps, dans le combat, en présence de Commode !

> Il tendit son cou nu sous l'acier du poignard;
> Puis, tourné vers la foule, et d'une voix puissante :
> « Frappe, enfant, cria-t-il, et salut à César ! »
> Le sang jaillit à flots par la gorge béante
> Et Mirax se souvint de tomber avec art !

C'est à ces belles sources que M. Gérôme aurait dû aller rafraîchir son inspiration qui s'épuise, et non

[1] *Le Gladiateur de Ravenne,* acte III.

dans des ouvrages d'archéologie qui l'ont mal conseillé. Si, comme je n'en doute pas, il a lu le *De Gladiatoribus* de Juste Lipse [1], il a pu voir combien il était resté au-dessous de son sujet. Il n'y a ni foule, ni mouvement, ni emportement; sous les yeux du peuple romain, en présence de l'empereur, ces hommes ne crient pas leur dernier salut, ils le murmurent; ils lèvent leurs armes timidement et ne les agitent pas dans l'enthousiasme d'un combat qui est pour eux la gloire suprême. Il y a quelque recherche, je le sais, je la vois bien, dans le Mercure et le Pluton qui entraînent les morts avec le croc fatal, vers le *spoliarium;* dans le vaincu enveloppé, comme d'un épervier, par le filet du rétiaire; dans le *podium* orné de colonnes où siége l'immonde Vitellius, cette grenouille à tête de porc qui se gonfla jusqu'à l'empire; dans le laniste qui précède et présente les combattants; dans les casques qui sont une assez fidèle reproduction des casques conservés au musée Bourbon de Naples; dans les knémides en bronze doré, quoi-

[1] J. Lipsi, Saturnalium sermonum libri duo qui *De Gladiatoribus.* Lugduni Batavorum, 1590. (Avec des planches très-curieuses.)

que M. Gérôme en mette une à chaque jambe de ses Samnites qui n'en portaient qu'à la jambe gauche ; mais puisque c'était une toile archéologique en dehors de l'art que le peintre voulait faire, pourquoi, au lieu de ce petit groupe où je ne vois que des Samnites et des rétiaires, n'a-t-il pas fait défiler devant l'empereur les différentes cohortes de gladiateurs : les *secutors*, avec le casque, l'épée, le bouclier et la massue de plomb; les *Thraces*, portant le poignard, la rondache et la dague ; les *mirmillons*, avec le casque surmonté d'un poisson, le bouclier et la faux; les *andabates*, qui combattaient à cheval et les yeux bandés; le *dimacheres*, agitant une épée de chaque main ; les *laquearii*, armés d'une corde à nœud coulant ; les *essedarii*, qui se battaient du haut d'un char? Tel qu'il est, son tableau reste froid, peint à la détrempe, sacrifié entièrement, comme je ne puis me lasser de le redire, à des minuties de détail et déparé çà et là par des fautes de dessin choquantes, ne serait-ce que celle qui allonge démesurément et hors de toute proportion explicable le bras droit de Vitellius.

César, sans être une bonne toile, est du moins un

tableau meilleur; là, il y a un effet cherché et qui a été presque trouvé. Je sais qu'on peut reprocher à cette composition d'être plutôt un fragment de tableau qu'un tableau même; mais cette objection ne me paraît que spécieuse, et cette fois les textes donnent tout à fait raison à M. Gérôme. Suétone raconte en effet que César mort resta seul pendant quelques instants et abandonné sur la place même du meurtre: *Exanimis, diffugientibus cunctis, aliquandiù jacuit, donec lecticæ impositum, dependente brachio, tres servuli domum retulerunt.* C'est ce moment précis que M. Gérôme a choisi. Devant la statue de Pompée dont le piédestal est souillé de sang, sur le pavé rouge encore, enveloppé de sa toge dont il s'est voilé pour mourir avec décence, celui qu'on appelait déjà le divin Jules est tombé sous les couteaux qui punissaient son crime. Près de lui, voilà le stylet à écrire dont il perça la main de Cassius, et voilà le mémoire d'Artémidor qui dévoilait toute la conjuration et qu'il n'eut même pas le temps de parcourir. Son siége, presque un trône, est renversé; les bancs du sénat sont vides, et l'on devine que l'impassible statue de Rome regarde cette solitude. Tout le haut du corps est dans l'ombre, un rayon aigu de lumière éclaire la partie inférieure ; la draperie, distribuée avec une extrême habileté, cache le corps et une partie du visage, ne laissant à découvert que les yeux fermés sous les sourcils contractés, et le front ceint de cette couronne si aimée qui en cachait la calvitie ; le bras droit tailladé par les coups d'épée est étendu rouge et presque tuméfié. Cette toile, chose singulière pour une œuvre plastique dont l'appréciation tombe directement sous le sens de la vue, produit une impression de silence ; l'épouvante en passant par là a emporté tous les bruits, et sans ces piédestaux et ce siége renversé, je croirais voir un grand caveau funèbre. Il y a de l'émotion devant ce tableau, et s'il n'est pas peint avec la solidité que nous désirerions, nous devons du moins dire qu'il est très-supérieur aux deux autres, qui complètent cette année l'exposition de M. Gérôme. Un mot avant de finir ; devant le *César* on a prononcé le nom de *Marat;* c'est trop, et cette comparaison maladroite a dû faire sourire M. Gérôme luimême. Entre le César mort et le Marat mort, il n'y a aucun point de ressemblance. A côté de David, qui malgré ses défauts, fut un maître absolu en l'art de peindre, M. Gérôme ne serait qu'un fort mince écolier, j'espère qu'il le reconnaît lui-même; et à côté du *Marat* qui est une toile farouche, merveilleusement peinte, vivante, si l'on peut le dire, par l'effroi qu'elle cause, inspirée par une conviction profonde et par un regret violent, et qui restera comme l'un des chefs-d'œuvre sinon comme l'œuvre capitale de la peinture française, le *César*, n'est qu'un tableau honnête où il faut louer l'effort et la bonne volonté.

C'est aussi l'effort, la volonté suivie et la recherche du mieux que nous louerons chez Mme Henriette Browne, quoique nous trouvions, cependant, que son exposition de 1859 ne vaut pas *les Puritaines* de 1857. *Les Sœurs de charité*, important tableau d'une émotion facile que comportait le sujet lui-même, a, il est vrai, de très-sérieuses qualités de composition, de sentiment et de faire; mais la critique est forcée de reconnaître que la peinture en est un peu creuse et comme éclairée par derrière; le même défaut se retrouve aussi dans la *Pharmacie* (*intérieur*). Néanmoins le sentiment de ces toiles est toujours aimable et celui de *la Toilette* est plaisant par-dessus tout; que Mme Browne dont le talent est sympathique à tout le monde, qui est aimée du public, mais qui a encore un long chemin difficile à parcourir avant d'être un maître, ne prête qu'une très-défiante oreille aux éloges de ses amis; ses tableaux, quoique remarquables, laissent beaucoup à désirer encore, et son meilleur envoi au Salon de cette année est certainement le *portrait de M. de G.* (n° 437.) Il y a là une vérité d'allure, une franchise et une force de brosse qui font de belles promesses pour l'avenir.

M. Chaplin, un de nos meilleurs portraitistes, assurément, n'expose aucun portrait cette année; son *Astronomie* et sa *Poésie*, qui sont des toiles décoratives, ont toutes les qualités de fraîcheur, de coloris et d'élégance qui distinguent cet artiste ; ses fonds sont toujours un peu trop *tricottés*, cependant les fonds unis sont supérieurs, car ils ne dérangent pas l'attention des yeux ; il aurait pu aussi comprendre et interprêter *l'Astronomie* et la *Poésie* d'une façon plus moderne; mais qu'importe? M. Chaplin a sans doute voulu faire deux jolies femmes et il a réussi.

Si nous n'avions à parler que du talent de M. Penguilly-l'Haridon, nous ne serions pas embarrassé; mais dans quelle catégorie le placer? c'est là que notre embarras commence. Est-il peintre d'histoire? mais voilà *la Plaine de Karnac;* est-il peintre de genre? mais voilà *la Danse Macabre;* est-il peintre de paysage? mais voilà *le Coup de l'étrier*. A coup sûr, c'est un artiste, et, s'il touche à tous les sujets, c'est qu'il peut les aborder tous. Parmi les huit tableaux qu'il expose, et qui, tous, mériteraient un examen détaillé, nous ne nous arrêterons qu'à deux qui, plus que les autres, ont retenu notre attention. Toucher à *la Danse Macabre* après les œuvres restées populaires des artistes du XVe et du XVIe siècle, n'était pas une petite tentative; M. Penguilly-l'Haridon n'a pas hésité, et l'événement prouve qu'il a bien fait. Le sujet principal est entouré, et pour ainsi dire encadré par huit petites compositions dont quatre, celles des angles, ne contiennent que des accessoires relatifs à l'idée mère. La Mort, un vieux squelette joyeux et ricanant, mène en dansant les quatre âges de la vie; au son de l'éternelle et monotone musique de l'existence qui toujours convie au trépas, ils dansent tous les quatre, doucement et sans grands efforts, la sarabande terrible; le groupe vient de face, tiré à gauche par l'inflexible maître de ballet, soulevant la jambe qui va bientôt s'arrêter à jamais; la jeune et blonde jeune fille a beau s'appuyer, avec une foi profonde, sur la poitrine de son bien-aimé, le petit enfant a beau gambader aussi comme un amour allégorique, le branle est donné et la tombe est ouverte. Les compartiments sont peints en grisaille, d'un ton roux qui a une belle chaleur et une grande vivacité de coloris, quoiqu'il soit monochrome. On chante à table, on fait bonne chère; à demain les affaires sérieuses! les échansons versent à pleines coupes, et les convives mangent à plein ventre; mais la Mort sournoise sort ténébreusement d'une trappe et jette au cou d'un des banqueteurs le nœud fatal qui l'entraîne vers l'obscurité froide. Ailleurs on revient de la vendange, sans doute, et l'on cabriole follement en répétant quelque gros refrain; mais la Mort passe le pied à l'un des chanteurs ivres, il tombe et ne se relèvera plus. Ailleurs encore voici la Mort qui renverse, pour l'enlever, un homme solide et saisi dans la force de l'âge et dans l'épanouissement de la vigueur; la lutte a été longue, mais l'implacable ennemi en est sorti victorieux. Ailleurs, enfin, et c'est ce compartiment que nous préférons, un grand et long fantôme voilé, tout vêtu d'un suaire qui enveloppe sa tête comme un casque sinistre et flotte en plis sombres derrière lui, emporte d'un vol rapide et muet un petit enfant vagissant ; dans ce seul épisode il y a tout un tableau, émouvant, bien rendu et d'une impression profonde. Cette toile de M. Penguilly-l'Haridon est très-remarquable ; elle est largement, solidement peinte, sans qu'aucun détail soit négligé et sans ces sacrifices inutiles que les peintres invoquent quand la main leur défaille. Pour ses personnages l'artiste a adopté les costumes du moyen âge qui étaient du reste presque indiqués par le sujet ; on connaît trop le soin exquis que M. Penguilly-l'Haridon met dans la recherche de la vérité historique pour que nous ayons à louer leur savante et minutieuse exactitude; son *Combat des Trente* (1857) a prouvé ce qu'il sait en pareilles matières. *Les petites Mouettes, rivage de Belle-Isle en mer; Port Donan* (*Morbihan*) sont un des plus curieux et de plus plaisants tableaux qu'on puisse voir. Sous un ciel bleu, marqué çà et là de quelques petites nuées grisâtres, une anse sablonneuse et fraîche s'arrondit devant une mer glauque d'une inconcevable vérité de couleur ; de chaque côté la falaise pierreuse s'étend, et au milieu s'élève un grand rocher gris au pied duquel verdoie une petite flaque d'eau. C'est dans ce désert, dans ce *retiro* que nul pas humain ne trouble, où nul pêcheur n'apparaît, devant lequel nulle barque ne passe à l'horizon, que les mouettes se sont rassemblées par centaines, par milliers, par millions. Elles couvrent la grève, s'entassent sur les rochers, volent au-dessus des falaises, innombrables avec leurs ailes aiguës et blanches comme des fleurs de jasmin. C'est d'un aspect étrange, très-reposé, en même temps plein de vie ; c'est une excellente toile très-sage dans sa facture et d'une très-profonde originalité. Du reste il y a peu de choses en France qui soient aussi belles que les rochers de Belle-Isle en mer et je m'étonne que les peintres n'aillent pas y étudier plus souvent la nature dans une de ses plus grandes manifestations; je ne vois guère que la pointe du Raz qui puisse les égaler.

Cette petite toile est une des meilleures du salon, car elle est simple et dit bien ce qu'elle veut dire ; les peintres croient trop souvent qu'il suffit d'afficher de grandes prétentions pour affirmer leur force; le plus souvent ils se trompent, et M. Antigna peut en faire la triste expérience cette année. Parmi les quatre tableaux qu'il expose aujourd'hui, un seul est recommandable par le soin qu'il révèle et les qualités qui le distinguent; c'est *le Sommeil de midi*, toute petite composition qui représente une enfant endormie au milieu d'un champ, dans son costume campagnard, franchement prise par le sommeil et sous une lumière parfaitement distribuée; cela semble fait d'après nature ou tout au moins d'après le souvenir d'une impression réelle et cela est bien supérieur aux grandes machines que M. Antigna aurait dû garder dans son atelier. M. Clesinger, LE SCULPTEUR Clesinger, aurait dû y conserver aussi l'étude monumentale qu'il intitule *Ève tentée par le serpent*. Ève dort, et un gros serpent boa s'est glissé vers son oreille et y murmure des choses fort singulières sans doute; car notre première mère se tortille comme une anguille dans un torchon. C'est très-prétentieux et ça vise à une force que ça n'atteint guère. Il y a certainement du modelé et une entente assez habile de la lumière; mais c'est d'une lourdeur désespérante et d'une facture inexcusable. M. Clesinger me paraît avoir des idées singulières sur la botanique du paradis terrestre, car il parsème de roses *doubles* le gazon ou sa figure est étendue ; me permettra-t-il aussi de lui demander pourquoi le ventre d'Ève est creusé d'un nombril ? Il me paraît que Caïn, comme fils aîné d'Ève et d'Adam, est le premier qui ait porté ce signe de la gestation. Je ne dis rien de *Castel Fusana* et d'*Isola Farnese*, qui sont deux bas-reliefs frustres qu'on a mis en couleur, et j'engagerai M. Clesinger à étudier Michel-Ange, mais à ne pas chercher à l'imiter en voulant manier à la fois l'ébauchoir et le pinceau ; Michel-Ange était un génie, et M. Clesinger n'a qu'un talent de sculpteur qui passera de mode.

A cette grande figure d'*Ève* je préfère beaucoup la *Locuste* de M. Mazerolles; elle indique des qualités de force et des études sérieuses qui conviendraient bien aux larges peintures murales et décoratives. Nous avons toujours parlé avec éloges de M. Devilly; mais aujourd'hui, son *Combat de Sidi-Brahim* (seul tableau de batailles dont nous nous occuperons), nous prouve qu'il court vers un péril dont il est bon de le prévenir. Pourquoi, au lieu de chercher à affirmer son originalité en développant ses talents qui déjà ont été appréciés, M. Devilly quitte-t-il tout à coup la voie qu'il suivait pour se jeter sans réserve dans l'imitation de M. Eugène Delacroix? Un artiste qui était certainement mieux doué à son début que M. Devilly, M. Théodore Chasseriau, a succombé irrémissiblement à cette maladie dangereuse. Le tableau de *Sidi-Brahim* a un grand mouvement, une bonne ordonnance et une vivacité d'allure qu'il faut louer; mais il serait meilleur s'il n'était un pastiche absolu et intentionnel de la manière de M. Delacroix. Que M. Devilly prenne garde, c'est pour lui une affaire de salut! On gagne toujours à rester soi et à ne pas s'affubler de la défroque d'autrui. Nous en dirons autant, mais avec une très-sérieuse sévérité, à M. Lies; malgré la ressemblance des noms et les efforts d'imitation, jamais on ne confondra ses mauvais tableaux avec les chefs-d'œuvre de M. Leys qui malheureusement n'a rien expédié à notre exposition; le succès qu'il a obtenu en 1855 aurait dû cependant l'y engager. M. Meissonnier n'a pas exposé non plus; l'empereur de Lilliput est resté sous la tente; tant pis, car ses petites toiles sont généralement une bonne fortune pour les yeux ; en revanche, si le chef d'armée est absent, les capitaines ne font pas défaut ; voici M. Plassan dont la couleur plaisante et dont la touche extrêmement fine et forte accusent les constants efforts; *la Famille* est un des plus jolis groupes qu'on puisse voir, bien distribué et de plaisante attitude ; la jeune mère qui, au lit encore, donne le sein à un bel enfant en présence du père ravi, est très-réussie ; *la Prière du matin* est d'un dessin qui m'a longtemps arrêté par sa justesse et ses belles proportions; c'est tout un poëme que ce petit tableau et il vaut mieux à lui seul qu'un tas de vastes toiles prétentieuses dont nous évitons avec grand soin de parler. Une jeune fille vient de se lever et devant son lit elle s'est agenouillée, appuyant son front sur ses mains et priant avec une absorption qui détend ses membres et affaisse le corps entier dans un sentiment d'adoration tout-puissant. C'est vrai comme la nature et en même temps d'un charme profondément chaste et senti. M. Plassan est moins heureux dans le paysage ; qu'il se rappelle le proverbe : Il ne faut pas chasser deux lièvres à la fois ! *La Promenade dans la neige*, par M. Tissot, m'a remis les tableaux de

Leys en mémoire. Cette jolie et gracieuse composition, d'une grande simplicité de détails, ressemble à une feuille de vélin arrachée à un roman du moyen âge ; c'est le même sentiment intime et la même finesse d'exécution. *L'Orfèvre juif* de M. Chavet a de fortes qualités de coloris et une vérité d'attitude qui méritent les plus sérieux éloges ; M. Fichel se range aussi sous la bannière des infiniment petits; c'est une bonne recrue et ses *Amateurs dans un atelier de peintre* prouvent, entre autres, qu'il a su trouver, chose difficile et rare, la voie qui lui convenait. *Le Frère capucin dans son intérieur* est des tableaux de M. Van Muyden celui que nous aimons le mieux ; il se distingue par une bonne entente de la lumière et une précision de gestes remarquable ; mais néanmoins il ne nous fait pas oublier *le Réfectoire de moines à Albano* que nous avions admiré en 1855. Les toiles de M. Herbsthoffer sont agréables à regarder ; sa *Partie carrée au Pré-aux-Clercs* mérite qu'on s'y arrête, quoique le dessin y soit parfois hésitant. *Un pâtre des Alpes changeant d'estivage* est un tableau original représentant une scène prise sur le fait. Ce qu'un pâtre des Alpes peut porter sur sa tête et sur son dos est tout à fait effrayant à voir ; le dessin est juste, précis, et la lumière est très-vivement distribuée; nous en complimentons M. Albert de Meuron. Des Alpes au Jura il n'y a que la main et M. Blanc-Fontaine nous montre aujourd'hui *un Déserteur* emmené par les gendarmes à travers les montagnes natales pendant que, sur le premier plan, le père et la mère et même le chien pleurent en regardant partir celui qu'ils ne reverront peut-être jamais sur cette terre. La disposition est bonne et la scène émouvante. Parmi les peintres provinciaux, M. Blanc-Fontaine est un de ceux qui méritent le plus d'être encouragés, car on sent que si sa peinture est encore un peu plate et froide, ses intentions sont excellentes et ses efforts toujours élevés; le paysage est, du reste, bien compris et fait très-habilement sa partie dans la composition générale.

M. Louis Boulanger fut un des vaillants de l'école romantique; on suivait son panache blanc de loin à travers la fumée du combat et il obtint à cette glorieuse époque des victoires qui l'ont rendu célèbre; le vieux capitaine n'a rien perdu de son ardeur et s'il n'expose plus les grandes toiles qui jadis lui ont valu sa réputation, il nous prouve aujourd'hui du moins par les neuf tableaux qui portent son nom, qu'il n'a perdu aucune de ses qualités de dessin, de couleur et d'esprit; *Romeo et Juliette, Othello, Macbeth* (un splendide paysage!) *Don Quichotte, le Marchand de Venise,* montrent une habileté et une poésie devenues rares aujourd'hui. M. Louis Boulanger a cru à l'art et l'art l'a récompensé en entretenant dans son cœur la flamme du foyer sacré. M. Baron est aussi un fervent qui suit imperturbablement sa voie à la recherche des belles fantaisies lumineuses qu'il aime et qu'il comprend mieux que personne; son *Cabaret vénitien* est une chaude cascade de couleurs et de clartés où les belles filles de la Giudecca et les maîtres peintres, en splendides costumes, se mêlent dans une harmonie pleine de grâce et de vie; le soleil rayonne sur tout cela, la ville magique apparaît au loin, les gais propos et les chants d'amour entr'ouvent toutes les lèvres. On est toujours heureux dans les pays où nous conduit M. Baron; que ses *patineurs* glissent sur la glace bleuâtre, que l'eau des canaux brille sous la lumière, la scène se passe toujours dans quelque coin des îles Fortunées, la vraie, la seule patrie de M. Baron, qui est certainement un des plus charmants et des plus ingénieux artistes de l'école moderne. Les fantaisies de M. Marchal sont moins gaies et touchent parfois au lugubre; elles n'en sont pas moins excellentes dans leur esprit et l'œuvre d'un homme de talent. Sa peinture est peut-être encore un peu trop sombre et affectionne trop les tons noirs, défaut facile à éviter et qu'il suffira, sans doute, d'avoir indiqué à l'artiste. Malgré l'émotion profonde qui émane du *Dernier Baiser* et la large composition de *Peine perdue* le tableau que nous préférons est le *Frileux*. Ce qu'on appelle vulgairement un fils de famille, c'est-à dire un enfant désagréable qui sera plus tard un *gandin* ridicule, tout emmitoufflé de cache-nez, de bonnet, de gants fourrés, de bons vêtements de velours et de laine, marche à travers la neige, la face à moitié disparue sous un châle et serrant l'une contre l'autre ses mains chaudement enveloppées; il est arrêté par un fagot près duquel un jeune gars en sabots, en pantalon trop large rattaché d'une lisière par-dessus sa grosse chemise en toile écrue, s'est assis philosophiquement, tête nue, ne sentant sans doute qu'une agréable sensation de fraîcheur; il fait nonchalamment des boules de neige et en offre une au jeune frileux, qui paraît fort épouvanté à la seule idée de la toucher. C'est très-spirituel, très-vif et parfaitement rendu; c'est une bonne et sérieuse toile de plus à marquer à l'avoir de M. Marchal. Il ne suffit pas de chercher l'esprit pour le trouver. M. Lambron, un nouveau venu, je crois, en donne la preuve cette année. Son *Flâneur* est une facétie aiguë, jaune, rouge et noire qui joue du bilboquet devant un jeu de quilles et à côté d'un violon accroché à la muraille. C'est puéril, très-sec de facture et dans des dimensions exagérées que rien ne justifie. Les cinq tableaux de M. Heilbuth ont toujours les qualités de facile et harmonieuse coloration que déjà nous avons signalée, mais il serait peut-être temps que M. Heilbuth apprît le dessin qui, cette année, lui fait complétement défaut. La *Prédication par un franciscain à la messe de la chapelle Sixtine* est un fort bon tableau de M. Clère, d'une lumière discrète savamment répandue; mais à quoi bon refaire, pour rester au-dessous, un des chefs-d'œuvre de M. Ingres?

Le *Stradivarius* de M. Hammam est bien campé, assis au milieu de ses chers violons, en tenant un à la main, déjà fatigué par l'âge et absorbé dans l'idée qui l'emporte; il rêve profondément; son œil plein de réflexion plonge dans l'infini, des voix lointaines lui parlent et lui révèlent sans doute les secrets qui doivent faire de lui un artiste hors ligne. C'est senti et mené à bonne fin et je préfère, sans hésiter, cette toile à *André Vésale* que je trouve un peu théâtral de composition et plus froid de couleur. Le petit tableau de M. Léon Kaplincki est plein de cette incurable et profonde mélancolie que connaissent seuls ceux qui pensent à la patrie absente et portent dans leur âme blessée les âpres douleurs de l'exil. On entend en ce moment même des cris d'indépendance du côté de l'Italie; nos vœux vont plus loin et nous saluons dans l'avenir les libres terres de Pologne et de Hongrie!

Qui ne se souvient de la tristesse d'Olympio? Hélas! encore là aussi l'exil!

L'arbre où fut notre chiffre est mort ou renversé!

Le *Tempi passati* de M. Amberg m'a remis involontairement ce vers en mémoire. Une femme, jeune encore et qu'on devine belle quoiqu'on ne la voie pour ainsi dire que de dos, est revenue seule et triste dans le bois où jadis, au bras d'un amoureux emporté aujourd'hui par la mort, elle a fait ces lentes et douces promenades attendries par des serments de s'adorer toujours. Sur un arbre elle retrouve son chiffre entre-croisé à celui de l'absent, et immobilisée tout à coup par ce souvenir vivant d'une chose éteinte, elle reste songeuse et comme engloutie dans son passé regretté. Le jour mystérieux tamisé à travers les arbres l'enveloppe d'une douce lumière qui harmonise les tons noirs du vêtement et donne un grand charme à cette petite composition à laquelle je ne reprocherai qu'un peu de lourdeur dans le dessin. *Le Droit de chasse* et *le Départ des émigrants* avaient, en 1855, valu une place importante parmi les artistes modernes à M. Karl Hubner; le *Jeune marin rentrant dans sa famille* qu'il expose aujourd'hui ne me paraît pas à la hauteur des deux toiles que je viens de nommer; la touche semble s'être délayée et appauvrie; la lumière n'est plus aussi ambiante; il y a affaiblissement, en un mot, et malgré l'esprit de types différents je trouve entre eux une telle similitude que le même modèle paraît avoir servi pour tous.

De la vie du moyen âge où il avait heureusement trouvé le sujet qui commença à le faire connaître au salon de 1857, M. Henneberg passe à la vie moderne et s'y maintient avec succès. Toutes les qualités de mouvement qui rendaient son *Féroce chasseur* recommandable se retrouvent aujourd'hui dans *le Lièvre forcé*, épisode un peu trop tourmenté peut-être d'une simple chasse où le diable n'est pour rien. *Les Associés* représentent deux gredins dépenaillés, déguenillés, hâves, sinistres et patibulaires qui, dans le fourré d'un bois, se partagent fraternellement une recette prélevée sur la poche des passants par des moyens que la saine morale n'approuverait peut-être pas absolument; l'expression joyeuse et en même temps inquiète de ces deux drôles a été parfaitement étudiée. Parmi les nouveaux venus, nous regardons M. Henneberg comme un de ceux à qui l'avenir fait de belles promesses que le travail pourra réaliser. M. Leighton, malgré une certaine fougue de composition qui encombre plus qu'elle ne remplit, fait preuve de talent dans sa *Juliette*. Mais, avec les tons crus et bleus qui l'enlaidissent, ce tableau ressemble à une porcelaine peinte qui a reçue au four un coup de feu de trop. Il y a cependant une sensibilité qu'il faut louer dans la douleur des vieillards et dans l'anéantissement du comte Paris.

En 1855, parlant de M. Knauss, après une longue et minutieuse appréciation de ses qualités nous disions : « M. Knauss fera bien de veiller assidûment sur lui ; sa force est grande, qu'il ne la laisse pas débiliter, et sous prétexte de devenir plus large, qu'il craigne de tomber dans des mollesses dangereuses. Est-ce que M. Knauss habite la France? C'est un mauvais pays pour les artistes; ils y apprennent vite à remplacer le talent par le *chic* et l'intelligence par la facilité. » Ce que nous disions à cette époque, nous pouvons le répéter aujourd'hui, et *le Lendemain d'une fête de village* reste encore le meilleur tableau de M. Knauss. Il y a beaucoup d'esprit cependant dans *la Cinquantaine*, il y en a même trop peut-être; chaque visage, chaque accessoire ayant une valeur égale, l'attention se distrait forcément et la composition perd cette unité d'action qu'il faut généralement rechercher. La touche a oublié sa force en sortant de sa franchise ; maintenant elle papillote outre mesure, elle fait tache, et cherche à surprendre par de petites manœuvres qui ressemblent bien à des *ficelles*. Les tons bleus ou plutôt *teinte neutre* abondent trop et refroidissent le coloris ; ces critiques faites, disons vite qu'il y a de l'air autour des personnages, que chacun d'eux est animé d'une vie spéciale et qui lui est propre, que chacun d'eux, en un mot, est un *type*, et ce n'est pas une si petite qualité ; depuis les deux vieillards qui célèbrent la cinquantaine et qui, avec une dignité gaie et de bon aloi, dansent le *solo* exigé par l'usage, jusqu'aux curieux, aux enfants accourus, aux amis qui fument gravement devant ce spectacle, à la jeune mère qui allaite son nourrisson en souriant, jusqu'au petit chien qui secoue les oreilles, tout vit et respire dans cette toile où je voudrais seulement voir plus de solidité et plus de sûreté dans la facture ; telle qu'elle est néanmoins c'est une des meilleures de l'exposition. Mais M. Knauss pouvait plus, aussi nous lui demandons plus ; qu'il ne s'en prenne qu'à lui si nous nous montrons difficile.

Nous ne dirons qu'un mot des *Portraits* qui n'offrent jamais au public qu'un intérêt secondaire et où généralement l'art n'a rien à voir ; quelques peintres cependant font bande à part au milieu des portraitistes et tâchent de donner un cachet élevé à ces productions généralement moins artistiques que commerciales. M. Rodakowski est un peintre convaincu qui cherche la force et nous a prouvé, en 1852, par son magnifique portrait du général Dembinski qu'il savait la rencontrer. Des trois portraits qu'il expose aujourd'hui celui que nous préférons est celui de Mme M. (no 2,603). Les étoffes et les chairs sont traitées avec un grand soin et par une brosse sûre d'elle-même qui reste ferme et solide tout en fuyant les empâtements inutiles; c'est très-chaud de couleur, tirant un peu sur les maîtres flamands et d'une belle tournure comme lignes et comme attitude. Les deux autres (nos 2,604 et 2,602) quoique faisant ressortir toutes les sérieuses qualités qu'on doit louer en M. Rodakowski, nous paraissent conçus dans une préoccupation de tons nacrés qui leur ôte de la fermeté.

Le portrait de M. A. de L. (no 2,430), par M. Philippe, est bien posé, avec un grand abandon et un parfait naturel; la peinture en est bonne, le dessin régulier; la vie anime bien ce visage un peu aigu et d'une douceur contestable; les accessoires sont traités avec soin et toute cette toile affirme chez M. Philippe une conscience sévère et un effort important vers la bonne peinture. Nous en dirons autant de M. Hoffer, son portrait d'enfant (nº 1,527) ne mérite que des éloges. Nous voudrions parler de M. Ricard, lui conseiller, au nom du salut de son talent, d'abandonner ce système de préparation en blanc sur laquelle il repeint ensuite, ce qui donne à ses portraits des apparences à la fois lourdes et creuses; mais à quoi bon? il n'y a pire sourd que celui qui ne veut pas entendre. Ah! où est le temps où M. Ricard exposait le portrait de Mme A. S. et celui de M. P.?

IV

LES PAYSANISTES

C'est de ce nom que nous appellerons les peintres qui, tout en faisant du paysage, donnent à l'homme l'importance principale dans leurs compositions; leur nombre augmente tous les jours, ils ont leur chapelle séparée dans la nef de la grande église artistique, et ils m'ont paru mériter une classification spéciale entre le *genre* et le *paysage* proprement dit, car ils participent des deux sans appartenir directement à l'un ou à l'autre. Ce groupe particulier exécute dans la peinture un mouvement analogue à celui que créa et propagea l'admirable talent de George Sand, quand il descendit consciencieusement dans la vie rustique et produisit des chefs-d'œuvre comme *la Mare au diable* et *la Petite Fadette.* L'impulsion donnée a été suivie, mais dans l'art elle n'a pas encore offert d'équivalent aux œuvres de la littérature qui, en cela comme en beaucoup de choses, est restée supérieure. De grands efforts cependant ont été accomplis et un pas important a été fait vers la vérité. Au lieu de ces bergers d'opéra comique, de ces Jeannot à la Marmontel, de ces Estelles, de ces Némorins, de ces laboureurs de pacotille et de ces paysannes enrubannées qui disent tout bas tout bas une chanson bretonne que l'on chante en rêvant, nous voyons aujourd'hui des hommes réels, au visage hâlé, aux mains calleuses, aux pieds nus, à la forte poitrine, aux vêtements usés par le travail, et des femmes qui, en toute sincérité, font la moisson, battent le linge près de la mare et poussent vers la chaude étable les grands bœufs mélancoliques. Ces tentatives vers le *naturalisme* méritent d'être encouragées; il est bon que l'on nous montre l'incessante communion du paysan et de la terre, communion si intime et si profonde que bien souvent les deux êtres n'en font plus qu'un.

« La terre, c'est sa maîtresse », dit Michelet, en parlant du paysan.

Ce serait une curieuse histoire à peindre et faite pour tenter un grand artiste, que celle de ces hommes résistants et taciturnes qui sont la force musculaire de la France qu'ils ont toujours sauvée quand l'esprit asservi laissait la patrie ouverte aux défaites. Taillables, corvéables à merci et à mort, moins heureux que leurs bestiaux, tenus à la glèbe ou poussés dans les batailles, il leur fallut attendre jusqu'à la révolution française pour obtenir droit de cité dans la vie commune. Vous rappelez-vous les terribles paroles de La Bruyère :

« L'on voit certains animaux farouches, des mâles « et des femelles, répandus par la campagne, noirs, « livides et tout brûlés du soleil, attachés à la terre « qu'ils fouillent et qu'ils remuent avec une opiniâ- « treté invincible ; ils ont comme une voix articulée, « et quand ils se lèvent sur leurs pieds, ils montrent « une face humaine, et en effet ils sont des hommes. « Ils se retirent la nuit dans des tanières où ils vivent

« de pain noir, d'eau et de racines; ils épargnent aux « autres hommes la peine de semer, de labourer et « de récolter pour vivre, et méritent ainsi de ne pas « manquer de ce pain qu'ils ont semé ! »

Tout cela a changé, lentement et péniblement, il est vrai, mais enfin le temps où de semblables paroles pouvaient sincèrement s'écrire n'existe plus. De grands biens restent encore à conquérir, ils seront conquis. La vérité a cela de bon qu'on peut parfois peut-être cacher sa lumière, mais qu'on ne l'éteint jamais; et les paysanistes actuels aident, sans trop s'en douter peut-être, le travail de la civilisation en montrant les paysans tels qu'ils sont, et non pas tels que les gens prétendus délicats voudraient les voir.

En tête du groupe qui semble s'être donné la tâche de reproduire sur la toile les scènes variées de la vie campagnarde, nous placerons M. François Millet. Mieux et plus qu'un autre il a connu les souffrances du paysan, car il les a partagées. Ancien garçon de labour, il a quitté la charrue, poussé par une invincible vocation, et il s'est courageusement adonné aux difficiles études de l'art. Sa main semble avoir gardé, dans le maniement du pinceau, quelque chose de la lourdeur et de la fatigue de ses occupations premières; pour lui, la peinture paraît être, non pas un art, mais un moyen de traduire ses impressions et de les faire partager. Par ses toiles, empreintes toutes d'une mélancolie profonde et remuante, il paraît nous dire : Voyez et compâtissez! Je sais, et il sait sans doute lui-même, toutes les justes critiques qu'on peut adresser à ses tableaux; on peut dire en effet que leur touche est d'une excessive pesanteur, que la ligne est parfois comme tremblottée et indécise, que leur coloris est d'une tristesse terne, que les types ont entre eux une ressemblance souvent trop accusée; mais néanmoins, malgré les défauts que je suis le premier à signaler, il faut reconnaître qu'il y a toujours, dans chaque composition, une recherche très-haute d'un style émouvant et sérieux, et il faut dire surtout que chacune de ces toiles fait penser longtemps et rêver. La Bruyère, que je citais tout à l'heure, a dit à propos *des ouvrages de l'esprit :* « Quand une lecture vous élève l'esprit et qu'elle vous inspire des sentiments nobles et courageux, ne cherchez pas une autre règle pour juge de l'ouvrage; il est bon, et fait de main d'ouvrier. » J'en dirai volontiers autant des tableaux, et j'avoue que je n'ai jamais pu contempler sans émotion ceux de M. Millet. Ils sont, pour ainsi dire, plus vrais que la réalité, car ils résument en une seule et immense misère toutes les misères dont le spectacle nous a souvent douloureusement frappés ; il concrète toutes ces existences pitoyables en une seule existence qu'il nous révèle d'un coup, en nous la montrant aux prises avec un fait journalier et habituel. En effet, jamais M. Millet ne cherche l'imprévu et l'extraordinaire ; ses paysans accomplissent simplement leur besogne accoutumée, et par cela seul ils sont navrants à voir. Leur bouche n'a jamais souri, cela est vrai, mais jamais non plus elle n'a blasphémé, jamais elle n'a jeté des cris de révolte ; tous ses personnages sont résignés, résignés comme le bœuf, qui va du même pas au labourage, à l'étable ou à l'abattoir, et c'est pour cela sans doute qu'ils sont si touchants.

Un des plus remarquables tableaux du Salon de 1857, fut certainement *les Glaneuses* de M. Millet ; son exposition n'est pas, cette année, à la même hauteur, et tout à l'heure, nous dirons pourquoi. *La Femme faisant paître sa vache* accuse plus que jamais, je dois l'avouer, cette pesanteur de main qui paraît être l'imperfection dominante de M. Millet; la toile, vue de près, ressemble à un ouvrage en laine mal cardée; le dessin a lui-même beaucoup d'erreurs, notamment dans les jambes et les pieds de la vache, qui sont exécutés un peu trop au hasard du crayon; mais, néanmoins, on s'arrête devant ce tableau, et si on l'examine avec soin, il ne tarde pas à vous dominer. En effet, le livret a raison, ce n'est pas une vache que cette femme fait paître, c'est *sa* vache, sa vache unique et sans laquelle le pain manquerait bien vite à la maison, car son lait en est toute la richesse. C'est réellement son capital, sa fortune entière, son revenu d'aujourd'hui et des jours futurs, qu'elle mène ainsi sur le pâtis communal, et c'est ce qui lui donne cet aspect réfléchi et qui, même au premier abord, semble trop solennel. Il y a communauté de misères et de pensées peut-être, entre cette lugubre paysanne vêtue d'un gros camail en laine, ridée par le hâle des matinées d'hiver et cette vache rousse, qui écarte les jambes, pour se pencher davantage vers la terre avare et tondre plus facilement l'herbe rare qui suffit imparfaitement à lui fournir une maigre pitance. Ils s'aiment tous les deux, soyez-en certains, ils se comprennent et se parlent dans les jours pénibles, comme de vieux amis accoutumés à partager ensemble la bonne et la mauvaise fortune. Là, encore, M. Millet a donc su faire sortir d'un fait simple, et en apparence indifférent, un sentiment très-fort et très-poignant.

M. Millet avait envoyé à l'exposition un second tableau, qui a été refusé par le jury; ce tableau, nous l'avons vu chez un de nos amis qui est chargé de le graver, et nous en rendrons compte. Il est intitulé : *la Mort et le Bûcheron*, et jamais peut-être la fable n'a été rendue avec une aussi terrible puissance. Nos réserves restent les mêmes pour la facture générale, mais nous avons cependant subi une émotion trop vive pour qu'elle ne soit pas sincère. Le paysage est terne et gris, assombri par un temps douteux plein d'une froide humidité. Un chemin enfoncé, une mauvaise charrière qu'on pressent plutôt qu'on ne la voit et que les pluies ont dû défoncer, circule entre un monticule au-dessus duquel on aperçoit le toit d'une chaumière délabrée et un tertre élevé qui supporte un bois dont les premiers arbres apparaissent à hauteur du tronc. Au pied du tertre, au rebord du chemin trop pénible, le bûcheron est tombé, car sa charge est lourde, son pied est appesanti par l'âge, et dans ses flancs vides il entend crier la faim. La lassitude, la vieillesse et la misère l'ont jeté là sans force et sans courage. De gros sabots d'où sort une paille presque moisie ont tracé sur son pied un bourrelet calleux et luisant; son chapeau mou, défoncé, ayant perdu sa forme sous la pluie et sa couleur sous le soleil, se colle sur sa tête étroite et couvre de ses flasques bords son visage noirci, ridé, fané et comme recroquevillé. Un grand et profond affaissement a abattu et aplati son corps; ses genoux repliés, ses pieds rentrés en dedans, ses mains raidies dont les doigts écartés ont perdu toute flexibilité, indiquent assez que pour ce vieillard toute la vie n'a été qu'un labeur sans relâche où la faim, sans pitié, le poussait à coups d'aiguillon. C'en est trop aujourd'hui ; le découragement a glissé jusque dans la moelle de ses os; son cœur s'est gonflé de douleur. Eh quoi! souffrir encore! et, d'une voix étouffée par la fatigue, il a appelé la Mort. L'horrible camarde a l'oreille fine, elle est accourue, et elle cherche à entraîner ce misérable en passant, car, semblable au juif de la légende, elle ne peut s'arrêter ; elle ne sait à qui entendre ; elle ne marche pas, elle court, car on l'invoque de tous côtés. Cette figure de la Mort est d'une splendeur sinistre qui fait froid au profond du cœur. Dédaignant avec raison le squelette traditionnel qui agite classiquement partout son ostéologie sonore, M. Millet a collé sur les ossements de son fantôme une peau verte, parcheminée, chagrinée, rugueuse, sèche, qui est vingt fois plus terrible que les os eux-mêmes ; la Mort est vue de dos, vêtue d'un suaire blanc qui, dégageant les bras et les jambes, serre la tête, dessine les contours éthiques des hanches, fait saillir les rugosités de la colonne vertébrale et creuse des trous pleins d'ombres du côté des clavicules. Sa main est effroyable ; jamais cisailles, tenaille, ceps, pince et brodequin de torture n'ont dû avoir une étreinte pareille à celle de cette griffe formidable qui jamais ne doit lâcher prise. De la gauche, elle porte le sablier ailé et soutient sur l'épaule sa faux, une vraie faux de moissonneur, usée au manche et à la lame ; de la droite, elle a saisi à la gorge l'imprudent qui l'appelait et elle cherche à l'entraîner tout en marchant d'un pas rapide qui donne à son mouvement une sorte d'élégance farouche. Le malheureux s'est jeté sur son fagot qu'il a saisi par un geste convulsif; il tourne vers la Mort un visage blémi par l'épouvante, et il se lamente, le pauvre affaibli, en demandant à vivre encore. C'est très-beau, car cette allégorie est vraie comme la misère elle-même.

Pourquoi le jury a-t-il refusé cette toile ? elle n'était pas plus mauvaise, elle l'était même moins que celle qu'il a reçue ; le dessin n'en est pas plus incorrect, la touche n'en est pas plus pesante ; il y a là un petit mystère que je ne m'explique pas bien. Mais si, comme je le crois, le jury a pensé qu'il n'était pas bon de montrer de pareils spectacles à notre société corrompue qui traîne ses robes derrière elle, se balonne de crinolines ridicules, se frotte de blanc et de rouge, se débarbouille avec du cold-cream, se graisse de pommades de toutes couleurs, s'enfarine de poudre de riz et pue tous les onguents de pharmacie moderne, il a bien fait de refuser ce tableau, et je l'approuve.

Au Salon de 1857, M. Luminais avait eu une défaillance qui nous avait paru grave et que nous avions signalée; ce n'était sans doute qu'une faiblesse momentanée comme les artistes les meilleurs peuvent en subir, car aujourd'hui il revient avec des tableaux solides et dignes de ceux qui commencèrent sa réputation. Si M. Millet cherche avant tout le sentiment, M. Luminais me semble ne se préoccuper guère que de la sensation; en cela il obéit aux tendances de la peinture moderne qui veut surtout captiver les regards et qui dédaigne absolument de remuer les esprits. L'avenir dira où est la vérité, et si, en agissant ainsi, on ne confond pas deux choses très-différentes: l'art et le métier. Le grand maître ès critiques artistiques, notre très-cher ami M. Théophile Gautier, a écrit (14 juin 1857): « L'on n'a jamais mieux peint en France qu'aujourd'hui; on peut même dire que le procédé atteint un point de perfection inquiétant, car la main devient tellement habile, qu'elle semble pouvoir se passer de la tête. » Si les artistes avaient lu avec soin les lignes qui précèdent et avaient su en tirer les hauts enseignements qu'elles contiennent, nous n'aurions pas tant de toiles bien peintes, agréables à voir, qui arrêtent un instant les regards, mais qui ne laissent aucun souvenir durable dans la mémoire. M. Millet sait mal son métier, j'en conviens, sa brosse est inculte et son dessin grossier; mais quand on a vu un de ses tableaux, on ne l'oublie jamais, et il me semble avoir encore devant les yeux le *Paysan greffant un arbre*, que j'ai regardé en 1855, à l'Exposition universelle.

Je voudrais pouvoir en dire autant des tableaux de M. Luminais, car le talent de cet artiste m'est extrêmement sympathique, mais je ne le puis malheureusement pas; sa brosse est ferme, grasse et colorée; il dessine avec sûreté; il a un arrangement habile et très-souvent heureux; c'est beaucoup assurément, et plusieurs n'en ont pas autant dans leur bagage, mais pourtant ce n'est pas assez. Dans ces corps qui vont et qui viennent, dans ces hommes qui se battent, dans ces enfants qui s'étonnent, dans cet assassin qui appelle, je voudrais voir une âme et je la cherche en vain. L'arbre a son âme, à plus forte raison l'homme et la femme, et le véritable artiste est celui qui me la montre et me fait entrer en communion avec elle. *La scène de cabaret* est, au point de vue du mouvement, une excellente toile; c'est une vraie bagarre de paysans ivres, il y a de la furie et des coups de brocs rudement portés; les femmes y tombent et les tables s'y cassent avec une vérité parfaite. On y crie, on y jure, on y braille à tue-tête, et les visages se tuméfient sous les poings fermés; la couleur est bonne, la brosse n'a pas hésité et la lumière est d'une distribution bien entendue. Dans *le Cri du Chouan*, je vois sur le sommet d'un rocher un breton debout, serrant de son pied nu crispé les aspérités de la pierre, et réunissant ses mains autour de sa bouche qui lance je ne sais quel appel de crime et de mort. *L'Épave* me montre des enfants de matelots, ignorants et curieux, qui, sur le rivage, ouvrent un grand coffre apporté par la dernière tempête; ils s'étonnent et s'effrayent même de trouver toute une défroque de comédienne, un éventail, des costumes bariolés, un masque noir dont une belle petite fille blonde s'épouvante; la mer verte déferle bien sur la grève, et le ciel sombre semble retentir encore des lointains roulements de l'orage; le groupe est charmant et bien composé; dans ces trois tableaux je vois donc un vrai talent, une grande science de main, une recherche louable vers l'union de la ligne et de la couleur; mais ce que je n'y vois pas, ce que j'y voudrais voir, disons-le, c'est la poésie, et sans elle, hélas! rien n'a chance de rester.

Cette poésie qui donne aux œuvres un caractère particulier, qui est comme le cachet spécial de l'artiste, je la rencontre souvent dans les tableaux de M. Hédouin; quoique je trouve son *Semeur* inférieur à ses *Glaneuses* de 1857, je n'y constate pas moins, avec plaisir, une sorte de force intime, qui semble être une émanation directe de la nature. Le reproche le plus sérieux qu'on pourrait, avec raison, adresser à M. Hédouin, c'est qu'il tourne toujours un peu dans le même cercle, et que si l'étude, toujours renouvelée, des plaines de la Beauce lui a donné la science des profondeurs de l'horizon, elle lui ôte cet imprévu qu'on aime souvent à rencontrer, et qui est une précieuse ressource artistique. Aujourd'hui, comme les années précédentes, c'est dans les pays plats que M. Hédouin a été chercher son sujet. C'est au mois de novembre, par une de ces belles matinées fraîches et un peu aiguës où le soleil dissipe les brumes de la nuit; une aigre lumière frise sur les sillons relevés; les teintes roses du matin, mêlées aux teintes grises du brouillard, forment une harmonie de couleur perle qui est à la fois d'un charme vif et d'une vérité bien surprise; au lointain, de nombreuses herses, attelées de forts chevaux, rabattent régulièrement les mottes de terre en marchant les unes derrière les autres; au premier plan, dans l'ombre, et se détachant sur les fonds clairs du tableau, un paysan vigoureux, à tête carrée, à larges épaules, jette à toute volée les grains blanchis par la chaux. Son mouvement très-juste a cette sorte de grâce violente que souvent nous avons tous pu remarquer chez les paysans, et qui est le propre des gens incultes lorsqu'ils accomplissent une action dans laquelle ils sont à l'aise et qui est une de leurs fonctions habituelles. Le fait a été bien observé par M. Hédouin, et rendu avec un soin habile qui mérite d'être loué.

M. Harpignies tourne au gris et il serait très-fâcheux qu'il se laissât aller à cette tendance, car il avait une harmonie douce et forte en même temps, qui souvent déjà avait valu des éloges à ses tableaux; on dirait que M. Corot lui a jeté un peu de sa poudre grise dans les yeux, car je trouve aujourd'hui que son coloris a faibli; il a baissé d'un ton, comme l'on dirait en langage musical. Néanmoins *le Retour* est une très-jolie composition, spirituelle comme tout ce que fait M. Harpignies, un peu lâchée de touche par ci par là, trop uniformémen grise, comme nous le disions plus haut, mais où l'homme se mêle à la nature dans une douce et juste proportion ; ils se font valoir l'un l'autre, et se complètent sagement. La scène est fort simple. Près d'un village précédé par de grands arbres ombreux, un régiment revient de la guerre sans doute, car voici un tambour-major qui porte le bras.en écharpe ; on se reconnait, on s'embrasse, les pays se jettent au cou de leurs payses, et des gamins courant joyeusement devant les troupiers, marchant au pas, gambadant, se sont chargés des havre-sacs, selon leur fantaisie, et animent de leurs gestes le premier plan du tableau. M. Harpignies excelle à faire les enfants, il les connaît bien, et cette fois encore il les a réussis à souhait ; cependant qu'il nettoie le verre de ses lunettes, car elles n'ont plus cette limpidité qui avait jusqu'à présent si bien éclairé pour lui les harmonies de la nature.

M. Laugée se range parmi les paysanistes, et nous

croyons qu'il fait bien ; nous nous rappelons de lui cependant, au salon de 1852, un *Siége de Saint-Quentin* qui avait de fort remarquables qualités et où un Espagnol tombé avait donné motif à un tour de force de dessin très-habile. Son talent ferme et précis nous semble néanmoins plus apte à surprendre la nature sur le fait et à la traduire dans l'expression vive qu'elle cause. En effet *Christophe Colomb au couvent de Sainte-Marie de Rebida*, malgré des expressions cherchées et quelquefois trouvées, n'approche pas des autres tableaux exposés par M. Laugée. *Les petits Maraudeurs* surtout ont un mérite de facture, de vérité et d'harmonie qui prouvent qu'en exploitant cette veine, M. Laugée a peut-être trouvé sa véritable voie. Deux garçons de la campagne ont été dans les champs voler des pommes de terre, et sont revenus, essoufflés et craignant d'être surpris, les faire cuire dans un four improvisé par eux derrière un mur en pisé. L'un d'eux, assis, les jambes étendues, le front contracté, l'œil remuant et renfoncé sous d'épais sourcils, regarde vers l'horizon avec inquiétude et prouve par sa mine patibulaire et dure qu'il pourra bien aller par la suite étudier en cour d'assises le respect dû à la propriété d'autrui. Le dessin est d'une extrême justesse, et la couleur, harmonieuse dans son ensemble, serait irréprochable si elle n'était peut-être encore un peu froide.

Aimez-vous les tons roses? M. Salmon les affectionne et en abuse un peu dans les jolies toiles qu'il nous montre ; si la ligne laisse encore beaucoup à désirer dans *la Récolte des pommes de terre*, nous ne pouvons que la louer dans *la Gardeuse de dindons*, agréable composition qui est d'une vérité étudiée avec soin. M. Brion ne nous a pas encore fait oublier son *Train de bois* de 1855, qui reste, jusqu'à nouvel ordre, son meilleur tableau, malgré les bonnes qualités que je suis heureux de reconnaître dans la toile intitulée : *Porte d'église pendant la messe (Bretagne).* M. Morin s'est efforcé d'arriver à être vrai dans *les Trameuses;* les intentions sont excellentes, l'étude est évidemment juste, mais la touche est maigre, les personnages sont trop cernés, et l'on voit que la main manque encore de toute l'habileté qu'elle pourra acquérir. Dans l'exposition de M. Sain, qui a envoyé sept toiles, celles que nous préférons sont *l'Herbagère* et *le Ruisseau;* le mouvement en est généralement exact et la coloration douce, mais le dessin me paraît encore bien hésitant. Je ne ferai pas ce reproche à M. Veyrassat qui, dans *les Chevaux de halage* (*le Matin*), nous prouve qu'il sait au besoin manier le crayon aussi bien que la brosse. M. Amédée Guérard n'a pas perdu son temps depuis 1857, et ses progrès sont très-visibles. Son coloris, qui était un peu mou, est devenu plus ferme et il approche d'une originalité personnelle qu'il n'avait pas encore conquise. *Vive la fermière* est une scène de Bretagne élégamment rendue. Les blés sont battus; on a ramassé en tas le grain jailli de l'épi battu par les fléaux, deux vigoureux gaillards ont placé la jeune fermière sur leurs épaules et lui font faire le tour de l'aire, pendant qu'on chante à pleine voix, qu'on lui offre des fleurs et qu'un des hommes va devant elle en portant sur une pelle quelques poignées de beau blé de couleur blonde. Il y a de l'air, du mouvement, de la couleur, et nous ne demanderions rien de plus si le dessin des têtes n'était douteux et comme aplati.

Les frères Siamois de la peinture, MM. Adolphe et Armand Leleux, ont une exposition importante à plusieurs titres, et quoique le premier de ces artistes peigne toujours par touches trop visibles, ce qui parfois amollit beaucoup sa peinture, nous ne pouvons qu'approuver les belles qualités de lumière et d'élégance que nous rencontrons dans la plupart de ses tableaux. *Un Marché de bestiaux (Basse-Bretagne)* est une charmante composition décorative d'un effet attrayant et doux qui retient longtemps, mais je lui préfère cependant *les Bûcherons à l'heure du repas*, qui est d'une limpidité harmonieuse de coloris et d'une tournure svelte rarement réunies. Sous un bois vert et frais, les bûcherons, jeunes et solides gaillards, se sont réunis près de la hutte de paille où reposent leurs outils, à côté d'un feu dont la fumée bleuâtre se marie très-bien aux teintes vertes des arbres, et là, dans un des courts instants de repos laissés à leur rude besogne, ils mangent, disposés par groupes ingénieux, dans leur bon costume de travail et avec ces nonchalances d'attitude que prend la vigueur lorsqu'elle se détend. Il n'y a qu'un familier de la nature qui ait pu mener ainsi à bien, avec cette simplicité et ce savoir-faire, une scène intime à la fois pleine de grandeur et d'abandon.

C'est en Suisse que M. Armand Leleux a été chercher ses inspirations. La Suisse est bonne conseillère, car elle ne répète que des paroles de liberté. De ses six tableaux, *le Passeur* est celui que nous préférons. On sent qu'on est là dans les hautes atmosphères, auprès d'un de ces lacs évasés au sommet des montagnes; le jour est blanc plutôt que pur; de beaux arbres verdoyants détachent sur le ciel leur silhouette imposante, et le batelier conduit son bac chargé de paysans avec une aisance de mouvement que l'artiste a parfaitement saisie. Les autres compositions qui toutes sont des *Intérieurs*, sont traitées avec une habileté consciencieuse et une sorte de force discrète qui indiquent chez M. Armand Leleux des qualités éminentes de peintre et d'observateur.

V

LES VOYAGEURS

Ils sont nombreux, cette année, et presque tous, subissant l'invincible attrait de l'Orient, ils ont été demander aux pays du soleil des sensations que nos froides et brumeuses contrées ne leur offrent plus. A la tête de ces jeunes croisés partis pour la Terre-Sainte de l'art en tenant haut leur bannière, nous placerons naturellement M. Eugène Fromentin, qui, par son double et beau talent de littérateur et de peintre, occupe aujourd'hui une place exceptionnelle. Tout le monde a lu et admiré ses livres lumineux et vivants; *un Été dans le Sahara, une Année dans le Sahel*, sont incontestablement les plus remarquables récits de voyage qui aient été publiés depuis longtemps. Il faut, du reste, rendre cette justice au public, si avide de nouveau, et pourtant généralement si lent à s'émouvoir pour les choses nouvelles, qu'il a accueilli ces deux volumes avec la déférence qu'ils méritaient; leur auteur est sorti des sphères inconnues, il marche maintenant au grand jour de la célébrité, et tout me fait présager qu'il trouvera dans son succès même un point d'appui pour s'élever encore. Nature éminemment fine et presque féminine, chercheuse, inquiète, un peu trop spirituelle parfois, M. Fromentin a le don rare de raisonner ses impressions, de les dégager dans une vive lumière et de les faire partager, ses livres sont là pour nous le prouver; mais il a aussi celui de garder fidèlement en sa mémoire les sensations dont il a été saisi, de les traduire sur la toile et de les communiquer au public. Les fées n'ont pas été avares pour lui au jour de sa naissance, et elles lui ont donné deux enviables outils qu'il manie aussi bien l'un que l'autre: la plume et le pinceau. Lequel des deux l'emporte sur l'autre, c'est ce que nous ne saurions décider aujourd'hui; ils vont côte à côte, s'aidant mutuellement et se faisant valoir, n'empiétant jamais sur leurs fonctions respectives, l'une racontant, l'autre représentant, et dans une égalité fraternelle qui prouve chez M. Fromentin un rare équilibre des facultés. Cependant je prévois le jour où, des succès probables ayant augmenté la réputation de M. Fromentin et ayant fait sortir autour de lui ces jalousies malsaines qui n'ont d'autres joies que de baver sur toutes les gloires, les gens de lettres diront de lui : C'est un peintre; et les artistes : C'est un littérateur. Qu'il en prenne son parti d'avance, les deux camps auront raison à la fois, car il est très-réellement artiste et écrivain.

L'*Audience d'un khalifat* est le plus important des tableaux qu'il a envoyés à l'exposition; jamais encore il n'avait donné à la figure humaine le développement hardi qu'elle prend dans cette composition où se reflètent les vraies impressions du voyage. Distribués avec art, sous une belle lumière ambiante, les groupes ont cette nonchalance d'attitude et cette tournure puissante qui, au premier abord, semblent se contredire, et qui sont cependant le caractère distinctif de la race arabe, race à la fois hautaine et rêveuse, dont l'abandon garde toujours quelque chose de magistral et d'imposant. Cette double apparence, difficile à faire comprendre et à reproduire de manière à la rendre sensible, M. Eugène Fromentin l'a directement abordée, et s'il s'est victorieusement tiré de cette difficulté, c'est que, dédaignant les ficelles et tous les moyens déloyaux dont on fait généralement usage, il a reproduit sincèrement et consciencieusement la scène telle qu'il l'avait vue et gardée dans son souvenir. L'harmonie de ce tableau, dont quelques teintes bleues peuvent prouver l'extrême vigueur, est très-habilement comprise; c'est une symphonie lumineuse où chaque ton joue sa partie sans s'élever jamais au-dessus du diapason. Un ciel fouaillé de quelques nuées blanches verse une clarté douce, qui baigne de ses ondes transparentes les murailles grises et crénelées de la maison de commandement. Sous une sorte de vestibule soutenu par deux gros piliers, le khalifat est assis, vêtu du large burnous blanc, la tête couverte du haïk et ceinte de l'akkal; les gens du pays, arrivés à cheval et suivis d'escortes en pittoresques costumes, sont venus lui rendre hommage et baisent sa tête avec ce mouvement de déférence et d'humilité qui cependant n'ôte rien à la grandeur native de l'Arabe. Près de lui sont ses fils, ses principaux cavaliers, ses esclaves, vêtus de housses bariolées, son fou, costumé de rouge, et quelques pauvres en guenilles, accroupis humblement plus bas que le maître. Un homme tout enveloppé d'un burnous gris qui laisse apercevoir les blancheurs éclatantes du premier vêtement, monte l'escalier par un mouvement simple et digne qui le fait ressembler à un grand prêtre assyrien. La tournure de ce personnage est extrêmement remarquable et suffirait seule à donner à cette toile une importance exceptionnelle. Pour faire face et pendant à ce groupe paisible qui représente l'Orient au repos, M. Fromentin a fort judicieusement établi un groupe remuant, éclatant et mobile de cavaliers armés, portant des fanions, drapés de rouge et qu'on dirait prêts à partir pour une de ces fantasias si chères aux hommes du Maghreb. C'est là une bonne toile, colorée, dessinée avec soin, et qui a su dégager de la réalité une sorte de grandiose vrai qui saisit et frappe comme le spectacle de la scène même.

Une Rue à El-Aghouat est, pour ainsi dire, l'illustration d'une des pages les plus belles d'*un Été dans le Sahara ;* nous la citerons tout entière, pour le plus grand plaisir de nos lecteurs, et parce qu'elle commente le tableau mieux que nous ne pourrions le faire : « La rue Bab-el-Gharbi est un de mes boulevards, dit M. Fromentin [1] ; en attendant que la chaleur me force à abandonner la ville pour les jardins, il est rare qu'on ne m'y voie pas à quelque moment que ce soit de la journée. Vers une heure, l'ombre commence à se dessiner faiblement sur le pavé : assis, on n'en a pas encore sur les pieds ; debout, le soleil vous effleure encore la tête ; il faut se coller contre la muraille et se faire étroit. La réverbération du sol et des murs est épouvantable ; les chiens poussent de petits cris quand il leur arrive de passer sur ce pavé métallique ; toutes les boutiques exposées au soleil sont fermées ; l'extrémité de la rue, vers le couchant, ondoie dans des flammes blanches ; on sent vibrer dans l'air de faibles bruits qu'on prendrait pour la respiration de la terre haletante. Peu à peu, cependant, tu vois sortir des porches entre-bâillés de grandes

[1] *Un Été dans le Sahara*, p. 160 et seq. Paris, Michel Lévy, 1857.

figures pâles, mornes, vêtues de blanc, avec l'air plutôt exténué que pensif; elles arrivent les yeux clignotants, la tête basse et se faisant, de l'ombre de leur voile, un abri pour tout le corps, sous ce soleil perpendiculaire. L'une après l'autre, elles se rangent au mur, assises ou couchées quand elles en trouvent la place. Ce sont les maris, les frères, les jeunes gens qui viennent achever leur journée. Ils l'ont commencée du côté gauche du pavé, ils la continuent du côté droit : c'est la seule différence qu'il y ait dans leurs habitudes, entre le matin et le soir. A deux heures, tous les habitants d'El-Aghouat sont dans la rue...... Cette ombre des pays de lumière, tu la connais : elle est inexprimable; c'est quelque chose d'obscur et de transparent, de limpide et de coloré; on dirait une eau profonde. Elle paraît noire, et, quand l'œil y plonge, on est tout surpris d'y voir clair. Supprimez le soleil, et cette ombre elle-même deviendra du jour. Les figures y flottent dans je ne sais quelle blonde atmosphère qui fait évanouir les contours. Regardez-les maintenant qu'elles y sont assises : les vêtements blanchâtres se confondent presque avec les murailles; les pieds nus marquent à peine sur le terrain, et sauf le visage, qui fait tache en brun au milieu de ce vague ensemble, c'est à croire à des statues pétries de boue et, comme les maisons, cuites au soleil. Par moments seulement, un pli qui se déplace, un geste rappelant la vie, un filet de fumée qui s'échappe des lèvres d'un fumeur de *tekrouri* et l'enveloppe de nébulosités mouvantes, révèlent une assemblée de gens qui se reposent. »

Le *Souvenir d'Algérie* et la *Lisière d'oasis pendant le sirocco* sont deux toiles d'un bel aspect et d'un incontestable talent; nous n'aurions donc que de grands éloges à donner à M. Eugène Fromentin, s'il n'avait pas exposé ses *Bateleurs nègres dans les tribus*. La vérité ne manque pas à ce tableau cependant, ni la tournure qui est pleine de style, ni la couleur qui est éclatante et juste, ni l'ordonnance qui est bien disposée, ni le dessin qui est exact, ni l'inspiration qui est vive; que lui manque-t-il donc? il lui manque simplement d'être terminé; c'est une esquisse largement ébauchée, toute brillante de promesses et traitée par une main fort habile; mais ce n'est qu'une esquisse, et j'ai lieu d'être surpris que M. Fromentin ait laissé prématurément sortir cette ébauche de son atelier. C'est d'un mauvais exemple. Si des hommes aussi forts que M. Fromentin s'abandonnent à des négligences pareilles, comment pourrons-nous, sans être injustes, adresser des reproches mérités à ces pauvres peintres ignorants dont le laisser-aller n'est bien souvent que de l'impuissance. Il nous est pénible de parler avec sévérité à un artiste pour lequel nous avons plus que de la sympathie ; mais, contrairement à ce que prétend le proverbe, nous croyons que la vérité est toujours bonne à dire.

M. Bellel nous conduit aussi en Algérie, dans le Sahara ; son tableau de *Negla d'Ouargla à la recherche d'un campement* a des lointains traités avec une grande science, et qui nous prouvent que M. Bellel a de bonnes aptitudes de paysagiste ; si, sortant des traditions étroites et trop académiques dans lesquelles il se complaît, il voulait interprêter la nature sans parti pris d'avance, nous ne doutons pas qu'il n'arrive à des résultats supérieurs à tous ceux qu'il a déjà obtenus. Cette année cependant, la toile dont nous nous occupons accuse un progrès important vers la vérité ; ce qui manque à M. Bellel, ce n'est pas de savoir son métier, il le sait aussi bien que personne ;

il lui manque cette naïveté qui seule fait les impressions durables, car elle les reçoit telles qu'elles sont, vraies et dégagées de toute préoccupation d'école. *Negla d'Ouargla* est un pas sérieux fait dans cette voie, que M. Bellel fera bien de suivre dorénavant ; les succès qu'il y rencontrera sont faits pour tenter un esprit grave par les encouragements même qu'ils lui donneront.

D'Algérie nous passons en Égypte avec M. Berchère, qui, malgré une certaine lourdeur de main dont il n'a pas encore sans doute su se débarrasser, nous montre qu'il a fait, depuis la dernière exposition, de très-notables progrès. Ses *colosses de Memnon* ont une haute tournure, et, quoique l'artiste ait un peu triché dans la ligne des montagnes qui ferment le paysage, nous ne pouvons qu'approuver la façon dont ce tableau tout entier a été traité. Le Nil s'est gonflé, gagnant peu à peu la plaine de Thèbes ; il a envahi les terres jusqu'au pied des montagnes où sont creusés les hypogées des classes sacerdotales et militaires; à droite, là-bas, au fond, on aperçoit une vaste et glorieuse ruine qui reflète ses colonnades dans les eaux, c'est le Rhamesseum occidental que si longtemps on a nommé le Tombeau d'Osymandias ; au delà, deux feux allumés sur la montagne montent en fumée vers le ciel comme la vapeur de deux holocaustes, fumée droite et rapide, car le vent immobile ne ride même pas la surface des eaux. Les deux colosses immenses émergent au-dessus de l'inondation et se détachent en noir, comme deux ombres chinoises gigantesques, sur les lueurs du soleil couchant qui empourprent le ciel rayé par un vol allongé d'oiseaux aquatiques. C'est d'un effet très-puissant et d'une vérité très-préférable à celle de ces mêmes *Colosses* représentés par M. Gérôme au salon de 1857.

On entendait gémir le simoun meurtrier.

C'est ce vers que semble commenter la toile de M. Berchère intitulée *le Simoun*. Parfois, en traversant le désert, j'ai été assailli par les coups de vent furieux du simoun, ou plutôt du *khamsin,* ainsi que disent les Arabes ; j'ai vu les dromadaires se précipiter sur le sable pendant que les tourbillons fauves nous enveloppaient d'une obscure nuée de cailloux et de poussière. La nature alors est en bouleversement ; la tempête brûlante passe sur vous comme une nappe de feu, et le désert tout entier semble soulevé pour vous engloutir. Ces instants-là sont terribles et d'un effet sinistre que M. Berchère a parfaitement saisi et rendu. Voilé par l'implacable trombe sablonneuse, le ciel ressemble à une ardente fournaise où la flamme se mêle aux fumées rouges. C'est l'incendie de l'atmosphère. Les chameaux épouvantés se sont abattus et enfoncent leurs naseaux dans le sable ; ils ferment les yeux, tournent la croupe au vent et restent immobiles, paralysés par l'effroi de cette convulsion qui passe en hurlant. On s'empresse autour d'un dromadaire resté debout ; l'homme qui le monte est fouetté par l'ouragan ; ses vêtement déroulés s'agitent singulièrement autour de lui, et tels qu'ils sont, l'homme et la bête, à demi noyés dans les teintes violentes du simoun, ils ressemblent à je ne sais quel formidable animal apocalyptique. C'est un très-bon tableau.

L'exposition de M. Belly est importante; mais elle ne vaut pas, selon nous, *le Désert de Nassoub* que nous avons vu au Salon de 1857. Parmi les artistes actuels, M. Belly est certainement un de ceux dont il faut tenir le plus de compte; il est convaincu, cela est facile à voir; il croit à l'art et il s'en préoccupe presque exclusivement; c'est un chercheur, il possède tous les secrets de son métier, il est coloriste dans une gamme violente, il comprend bien la nature et sait l'interpréter d'une façon souvent remarquable; mais il n'aime guère la nature que dans ses aspects tourmentés et pour ainsi dire exceptionnels : c'est là le reproche que nous lui ferons. De l'Égypte, qu'il a visitée avec soin et qu'il connaît parfaitement, il n'a rapporté rien de général et il nous la montre toujours sous un aspect spécial et passager; dans l'Égypte, qui est un pays dont les deux nuances principales, le rose et le bleu, sont noyées dans une teinte gris-perle, il semble n'avoir vu que des tons farouches, emportés, qui donnent à sa peinture une sorte d'apparence exagérée. C'est l'Égypte des sept plaies qu'il nous montre, et non cette Égypte calme, limpide, reposante, qui, le plus souvent, dort sous le soleil comme l'enfant gâté de la lumière. De tous les tableaux peints aux bords du Nil, je n'en ai encore vu qu'un seul qui me rappelât absolument l'Égypte et qui pour moi fût vivant comme l'impression même ; c'est une ébauche peinte sur place que j'ai vue dans l'atelier de M. Imer et qui représente les montagnes de Gournah et de Biban-el-Molouck. Le jeune peintre avait très-bien compris la nature blonde de ce pays étrange, et je regrette vivement qu'il n'ait pas cru devoir faire une toile sérieuse de cette excellente étude. L'Égypte n'est pas toujours mouvante, ainsi que la représente M. Belly, et son caractère particulier serait plutôt le sommeil que l'agitation ; ces réserves faites et que nous devions adresser à M. Belly, car selon nous il se diminue volontairement lui-même en sortant ainsi de la généralité pour s'éprendre de l'accident, nous n'avons guère que des éloges à donner à ses tableaux. Il a cependant une tendance à l'empâtement dont il fera bien de se défier, car déjà elle l'emporte plus loin qu'il ne conviendrait. Dans *la Plaine de Gizeh* le soleil, et dans *la Barque du Nil* le mât de la cange, sont littéralement en relief : c'est trop, c'est inutile et cela ne sert en rien à l'effet. La touche peut être solide, ferme et assurée, sans recourir à ces moyens qui suffisent trop souvent à alourdir tout un tableau. Malgré le charme puissant de : *le Nil (soleil couchant)*, où nous voyons le fleuve encore trop tourmenté (il est un fait universellement admis, c'est que, dans les jours même où le vent souffle avec le plus de violence, il se calme toujours momentanément au lever et au coucher du soleil), baigner un village parsemé de palmiers et doré aux derniers rouges reflets de la lumière, pendant qu'une cange fuit en ouvrant ses voiles aiguës semblables à des ailes de goëland, nous préférons *une Digue au bord du Nil*. C'est par un jour de khamsin; le soleil, pâle et voilé, semble un bouclier d'argent dépoli entouré de rayons blancs; sa lumière blafarde frise sur le Nil remué de petites vagues, et sur une digue construite en limon noir où un troupeau soulève la poussière en marchant devant un vieux berger arabe, courbé comme les Eliezer de la Genèse; c'est d'une peinture franche et habile qui n'a pas hésité et qui semble être arrivée, du premier coup, à l'effet cherché. La coloration des *Barques du Nil* nous paraît dans une gamme trop élevée; malgré son extrême harmonie, car tous les tons sont dans un savant équilibre, nous la croyons plus violente qu'il ne faut et conçue en réminiscence de quelques toiles de M. Eugène Delacroix. Le mouvement du dessin est bon et nous signalerons surtout celui des matelots grimpés sur l'antenne et occupés à carguer la voile qui déferle au vent. *La Plaine de Gizeh* est, des quatre tableaux de M. Belly, celui que nous aimons le moins. On a bien abusé déjà de l'effet de silhouette, cette année du reste plus que jamais, nous pourrions le constater en nous occupant du *paysage*, et nous aurions voulu voir un artiste aussi sérieux que M. Belly s'éloigner de cette routine. Les gros sycomores se détachent en ombres noires sur le ton jaune du soleil couchant ; quelques troupeaux reviennent des pâturages; dans un canelet bleuissant, au-dessus duquel s'élèvent les bras d'un chadouf, quelques buffles paresseux se baignent ; au loin on aperçoit les pyramides éblouissantes au milieu des clartés du ciel. La partie droite du tableau, surtout dans les troncs d'arbres, nous paraît trop lestement traitée et avec un sans façon qui nous étonne chez M. Belly qui nous a accoutumé à un soin plus recherché. C'est ainsi que M. Ziem a commencé ; voyez où il en est aujourd'hui. Si nous avons appuyé un peu longuement peut-être, je ne dirai pas sur les défauts, mais sur les qualités encore douteuses de

M. Belly, c'est que nous reconnaissons en cet artiste une force de bon aloi qui fait concevoir de très-hautes espérances et que nous serions désolés de voir ces espérances avorter. Sa marche a toujours été ascendante jusqu'à présent, mais qu'il ne se croie pas arrivé, qu'il n'imite pas M. Baudry, auquel un succès a si bien fait tourner la tête, qu'il ne se retrouve plus lui-même que difficilement. M. Belly nous semble emporté par une fougue qui se rend maîtresse de lui; c'est là un enviable défaut, du reste, car il annonce la vigueur; mais lorsque l'artiste sera calmé, lorsqu'il prendra la nature de plus haut qu'il ne l'a encore prise, lorsqu'il dédaignera l'exception toujours plus facile pour entrer courageusement dans cette pénible route du beau général où les maîtres ont marché, lorsqu'il aura enfin acquis la vertu des génies mâles qui est la sérénité, nous croyons qu'il aura fait un grand pas vers cette splendeur du vrai dont parle Platon, et qui est le but suprême de l'art. Ce but, il est certain que M. Belly l'a entrevu, et nous sommes persuadés qu'il pourra l'atteindre, mais à la condition d'une recherche incessante, d'un inébranlable courage et d'un travail assidu sur lui-même pour apaiser ces emportements de jeunesse qui parfois lui donnent de mauvais conseils.

Je me souviens que, visitant l'acropole d'Athènes par une aigre journée de décembre 1850, j'aperçus un jeune homme juché sur le temple de la Victoire aptère, qu'il était en train de mesurer pour en préparer la restauration ; ce jeune homme, c'était M. Thomas, premier grand-prix d'architecture. Depuis ce temps, M. Thomas a été attaché à l'expédition française en Mésopotamie, que dirigeait le regrettable M. Fresnel ; il a quitté le compas pour prendre la brosse qu'il manie avec habileté, et dans les sept tableaux qu'il expose aujourd'hui nous trouvons de recommandables qualités. Le plus important, par le sujet et par la facture, est intitulé : *Ruines de la tour de Babel*. Écoutez la légende arabe : « Abraham, surnommé Khalil, le bien-aimé, avait refusé d'adorer Nemrod, qui s'était déclaré dieu. Nemrod, pour le punir, le fit jeter dans une fournaise ardente, et l'en voyant sortir sain et sauf, il voulut aller voir lui-même ce dieu que prêchait Abraham, et qui faisait de semblables miracles. Il fit bâtir alors la tour de Babel, qui devait, d'étage en étage, le conduire jusqu'au ciel, habité par le Dieu unique. Au bout de trois ans, il fit l'ascension de la tour ; le ciel était encore bien loin de lui ; irrité de son insuccès, il fit mettre à mort le chef des ouvriers, et pendant la nuit la tour s'écroula avec un bruit terrible. Cet échec ne le découragea pas ; par ses ordres, on se remit à l'œuvre ; des milliers d'ouvriers travaillaient sans relâche, la tour s'élevait, s'élevait, et dépassait déjà les nuages ; Nemrod joyeux se préparait à aller contempler, face à face, le Dieu annoncé, lorsque de nouveau, et tout à coup, la tour s'abattit sur terre. Il voulut alors se faire porter au ciel dans un coffret qu'emportaient de gros oiseaux nommés kerkes. Il erra longtemps dans les airs, et retomba si durement sur le sol, qu'il en ébranla les montagnes ; malgré tant de déconvenues, il persista dans l'affirmation de sa propre divinité. Pour le punir, Dieu envoya un moucheron qui pénétra par les narines jusqu'au cerveau de l'orgueilleux, et qui grossissait tous les jours ; il eut beau se débattre contre cette plaie vivante, il criait comme un petit enfant, et il était si tourmenté de ses souffrances, qu'il ne pouvait dormir que lorsqu'on lui battait la tête avec un maillet de fer ; cela dura ainsi quatre cents ans, et Nemrod mourut. » Les ruines de la tour maudite existent encore ; c'est la prison de Nabuchodonosor, disent les Juifs du pays ; c'est *mnoselibé* (renversé sens dessus dessous), disent les Arabes, et c'est là que vivent des satyres, moitié chèvre et moitié homme, qu'on chasse avec des chiens, jusqu'à les forcer, comme des cerfs ; c'est un signe de la colère de Dieu, disent les chrétiens ; un de ces jours, quelque archéologue nous dira clairement ce que c'est ; en attendant ce moment, M. Thomas nous montre la *tour de Babel* telle qu'elle est aujourd'hui. Au milieu de l'implacable plaine d'un blanc laiteux éclatant, sous un ciel cru et terrible, elle s'élève découronnée, fruste, éboulée plutôt qu'écroulée, et ressemble de loin (je demande pardon pour une sotte mais juste comparaison) à un immense fromage glacé qui commence à fondre. Au delà, l'horizon s'étend à perte de vue, et nous en faisons très-sincèrement compliment à M. Thomas, qui paraît posséder au plus haut degré la science des profondeurs, science difficile, que Marilhat avait connue en maître, et devant laquelle bien des hommes de talent ont échoué. Deux cavaliers en costumes éblouissants donnent la vie à cette solitude lumineuse; j'ai dit que leurs costumes étaient éblouissants et c'est là un reproche, car cette clarté intense et aiguë de l'Orient noie les tons les plus vifs dans une sorte de teinte diffuse qui les apaise en les harmonisant. Parmi les autres tableaux de M. Thomas, que nous voudrions tous citer, nous indiquerons *Beyrouth* comme un des meilleurs; c'est un coin parfaitement choisi des environs de cette ville qui est le paradis de l'Orient, et à laquelle ne cessent de penser ceux qui y ont vécu quelques jours : *Quando te aspiciam?*

De Babylone où nous étions tout à l'heure, traversons le Tigre et entrons en Perse avec M. Pasini; l'Égypte est un pays rose, mais la Perse est un pays blanc; c'est le désert de sel. Le *Départ pour la chasse dans les plaines d'Ispahan* est une forte toile, solidement peinte, très-étrange d'aspect et faite pour être remarquée. Une plaine sans fin, blanche et comme crayeuse, s'allonge, plate et unie, sous le ciel mamelonnée de gros nuages gris qui y projettent de larges ombres irrégulières; d'une gorge de montagnes rocailleuses des cavaliers débouchent, vêtus de sombres costumes persans, et qui vont chasser l'antilope dans ces vastes steppes dénudées. Il y a là un profond sentiment de la nature orientale, nature pleine d'attraits, mais implacable, et qu'il faut rendre telle qu'elle est sans jamais se permettre de l'arranger selon sa fantaisie.

Cette nature, M. de Tournemine l'a bien comprise, et depuis plusieurs années il nous prouve avec quel soin il l'avait étudiée, et quelle impression profonde elle a laissée en lui. Il emprunte généralement ses souvenirs à l'Asie mineure, pays humide et par conséquent plus doux que ces contrées dont nous parlions plus haut et que visite incessamment le soleil. Dans tous les tableaux de M. de Tournemine, je reconnais une rêverie intime qui me pénètre et me va jusqu'à l'âme. Ne cherchant pas la violence pour laquelle son aimable talent n'était pas fait, il se contente, avec sagesse et sagacité, de dégager cette poésie qui, en Orient, déborde de toutes choses; il va la chercher dans de petits coins isolés qu'il a su découvrir, et il la communique au spectateur sur des toiles fines, reposées et d'une agréable exécution. Il y a un certain attendrissement dans la façon dont il interprète la nature; on a envie de vivre dans le pays qu'il nous montre, et je trouve dans sa peinture quelque chose de nostalgique qui semble indiquer un regret profond de ne plus marcher à travers ces pays désirés. Celui de ses tableaux que nous préférons est le *Souvenir de Tyr*. La mer transparente et d'une fine couleur verte baigne de ses eaux paisibles les murailles d'une ville frangée de minarets et de dômes où s'élance quelque verdure de cyprès et de palmiers. Il y a partout du silence sous ce ciel bleu dont l'azur introublé fait valoir les tons blancs et roses des maisons et des remparts; un ou deux grands caïques s'approchent du rivage et, là-bas, sur la mer immobile, une barque étend ses voiles comme un beau cygne blanc prêt à prendre son vol. M. de Tournemine est un luminariste très-distingué; la façon dont il distribue la clarté est toujours judicieuse et franche; il fait fuir les lointains dans de profondes perspectives aériennes, il peint avec soin et sans négliger les détails qui tous concourent à l'effet général, et il connaît tous les secrets de la lumière: son tableau des *Oiseaux pêcheurs en Asie* est là pour le prouver.

Si un peintre mérite d'être rangé parmi les voyageurs, c'est incontestablement M. Valerio, qui a parcouru le monde, ou peu s'en faut, rapportant de ses longues et minutieuses excursions des dessins que l'eau-forte et la lithographie ont rendus populaires. Maintenant, et depuis le Salon de 1857 déjà, M. Valerio demande à la peinture un moyen plus sérieux de traduire ses impressions; nous ne doutons pas, par ce que nous voyons aujourd'hui, du succès qui doit l'accueillir. *Les Pêcheurs de la Theiss, dans l'intérieur des steppes* (*Hongrie*), est un tableau d'une facture un peu trop transparente encore, mais déjà ferme, et d'une belle coloration; l'effet rosé de l'atmosphère, au soleil couchant, sur ce paysage humide et plat, est très-heureusement rendu; c'est d'une mélancolie saisissante qui cependant n'ôte rien à la haute tournure des personnages. *Les Tsiganes valaques des frontières de la Transylvanie* ont la grâce sévère et grave de ces races errantes, poussées en avant par cet impérieux besoin de l'inconnu qui dévore plus d'un de nous, et qui portent en elles la douloureuse nostalgie d'une patrie introuvable. Cette toile est d'un grand charme; le musicien est bien campé, et la jeune fille qui est placée derrière lui arrête longtemps le regard par sa beauté sombre et comme désespérée.

Le *faire* de M. Dauzats est devenu très-aride, et nous cherchons en vain aujourd'hui ces harmonieuses colorations que nous admirions autrefois; si nous en retrouvons quelques traces dans la *Vue générale de Tolède*, nous ne pouvons, à notre vif regret, en apercevoir aucune dans la *Cour de la maison de Coussifa, au Caire*, qui est d'une sécheresse désespérante.

M. Oswald Achenbach, qu'il ne faut pas confondre avec André Achenbach, le grand paysagiste allemand, nous affirme, par *le Môle de Naples*, qu'il portera dignement son nom illustre. Quoique d'une peinture à laquelle on pourrait justement reprocher d'être un peu trop plate, ce tableau est d'un sentiment à la fois sérieux et doux qui mérite d'être loué. La lumière y est très-bien employée, la couleur en est plaisante, le dessin régulier, quoique déparé çà et là par des mollesses qu'on ne voudrait pas rencontrer, et nous sommes persuadés que l'importante école de Dusseldorf aura une bonne et glorieuse recrue en la personne de M. Oswald Achenbach.

Qui ne se souvient des tableaux de M. de Forbin? qui ne se rappelle ces empâtements superposés à d'autres empâtements, et dont les amoncellements successifs donnaient à ses toiles l'aspect d'une carte géographique en relief? Cette peinture au mortier gâché-serré, a bien fait rire autrefois, et, sous le gouvernement de Juillet, les œuvres de M. de Forbin partageaient avec celles de M. Biard l'honneur d'exciter l'hilarité générale. Aujourd'hui ces folies sont surpassées par M. Ziem, dont les tableaux ressemblent de près à une palette mal nettoyée. De loin, à quelques vingt pas, ça fait encore un certain effet éblouissant; mais à mesure que l'on approche, tout disparaît dans un chaos de touches hasardeuses, dans un tohu-bohu de vessies crevées à l'aventure qui sont de la dernière impertinence. Il y a longtemps, cependant, qu'on a prévenu M. Ziem; il y a longtemps que pour la première fois on lui a crié: Casse-cou! Le mal est sans remède aujourd'hui; il n'est cependant pas possible d'avoir perdu de gaieté de cœur un plus agréable, un plus sympathique talent; toutes les qualités qui distinguaient M. Ziem, et elles étaient nombreuses, n'auraient eu qu'à gagner en restant dans une voie plus sage; mais on se hâte de produire, on a un orgueil excessif qui vous fait croire que vos pochades valent mieux que les tableaux d'autrui ; on est exempté du jury par les récompenses précédentes, on ne travaille plus, on se moque du public qui vous le rend avec usure ; d'un maître qu'on était, on redevient moins qu'un écolier, on se suicide, et on meurt sans inspirer seulement un regret, et tout cela faute d'une chose fort simple qui s'appelle : la conscience.

VI

LES PAYSAGISTES — LES ANIMALIERS

Toute la force de la peinture française s'est réfugiée dans *le paysage;* un simple coup d'œil jeté sur l'Exposition le prouve trop clairement pour qu'il soit besoin d'appuyer sur ce fait universellement reconnu aujourd'hui. Est-ce un bien, est-ce un mal? Je l'ignore; mais j'avoue que dans l'art absolument dénué d'idéal, tel qu'il est compris maintenant, j'aime mieux voir des arbres que des hommes, ils sont moins laids. Entre les artistes qui s'obstinent à ne jamais regarder la nature, et se sont obstinément enfermés dans une convention dure, sèche et absolument impossible, et ceux au contraire qui, dédaignant beaucoup trop les procédés matériels, semblent ne vouloir traduire que ce sentiment indéfini qui est, pour ainsi dire, le souvenir du paysage, il y a des hommes forts et convaincus qui emploient toutes les ressources de la couleur et du dessin à rendre palpable et vivante l'impression dont ils ont été saisis. En tête de ces hommes consciencieux, nous placerons M. Français, auquel je ne reprocherai qu'une certaine pesanteur qui semble lui être naturelle. Il dessine mieux que personne, ses lignes sont toujours d'une justesse et d'une proportion extrêmes, sa couleur est sobre et savante, il a un très-vif sentiment de la nature, et toutes ces qualités réunies suffisent à faire de ce peintre un artiste très-recommandable. Aujourd'hui, laissant de côté les petits coins humides et lumineux qu'il savait choisir à merveille, il cherche à faire de la peinture de style, tout en restant dans la stricte observation de la vérité, et il attaque courageusement ce que j'appellerai la nature épique. Je sais que cette tentative n'a pas été généralement approuvée et qu'on a dit avec plus d'esprit que de justice, que son grand tableau ressemblait à une étude d'arbre pour le concours de paysage. C'est, il me semble, trop vite et mal juger ; de même qu'un peintre d'histoire, lorsque le hasard lui fait rencontrer un beau modèle, homme ou femme, s'empresse de faire un Achille ou une Vénus, M. Français, paysagiste, a tenté de faire le portrait idéalisé d'un groupe d'arbres remarquables. Il a voulu montrer, en isolant des hêtres de tout l'accessoire ordinaire à ce genre de composition, quelle importance l'arbre avait dans la nature, et en effet, il est à le peinture de paysage ce que l'homme est à la peinture historique ; chaque arbre, et parmi ceux même de semblable essence, a son allure, sa physionomie, ses attitudes, ses façons d'être particulières et, si j'ose dire, son esprit spécial; c'est ce que M. Français a sans doute compris depuis longtemps, c'est ce qu'il a voulu nous montrer aujourd'hui, et loin d'être une étude, comme on l'a dit, son tableau est plutôt un type ; il est intitulé : *Les Hêtres de la côte de Grâce, près d'Honfleur ; effet d'automne.* L'harmonie générale de la toile est lilas-rose, relevée par quelques touches d'or dans les feuillages desséchés ; les lueurs rutilantes de l'automne ont pénétré l'azur du ciel et donnent aux ombres mêmes des transparences qui rappellent, en plus chaud, les tons de l'améthyste. Sur le ciel immense, en haut d'un tertre vert, en face de la mer, où passent dans le lointain quelques barques blanches, les hêtres se détachent avec leurs belles branches, dont l'une s'est courbée comme une voile au souffle des brises de l'Océan. Les feuilles se sont envolées au vent ; quelques-unes, les dernières, tremblent encore sur leurs pédoncules fatigués, comme des papillons de vermeil. Le tronc luisant et d'une teinte très-tendre, qui rapproche de la couleur chair, montre ses flancs vigoureux que nul orage ne pourrait ébranler ; il puise la vie, en terre, par des racines profondes, la séve puissante glisse sous son écorce polie, et il noie sa tête chevelue dans les airs mobiles tout emprégnés de lumière. C'est la force de la nature dans une de ses expansions les plus larges et en même temps les plus douces. Peut-être M. Français aurait-il bien fait de tenir les ombres de la partie droite dans une gamme plus foncée; tout le tableau y eût gagné, car le sujet principal se serait plus lumineusement détaché encore et eût acquis une plus vive fermeté ; mais c'est là une critique qu'il a déjà pu s'adresser ; ce que nous voulons constater, c'est que cette tentative est très-importante, qu'elle est courageuse, qu'elle doit être renouvelée et qu'elle a été menée à bien avec un grand talent. C'est plus qu'il n'en faut pour être digne de très-justes applaudissements.

Si nous voulions nommer séparément et apprécier en quelques mots tous les paysages qui méritent des éloges, nous n'en finirions plus et un volume entier n'y suffirait pas. Nous voudrions bien cependant ne pas faire d'omission grave, et nous citerons sommairement : M. Hanoteau, une *Prairie sur les bords de la Landarge*, fin et lumineux paysage ; M. Lavielle, dont l'*Étang de Bourcq* est, malgré ses bonnes qualités, déparé par des tons bleuissants qui le refroidissent ; M. Capelle, qui peint solidement, mais qui semble avoir découpé dans des cartons coloriés l'étrange toile intitulée *Avant la Messe* (*basse Navarre*) ; M. Cabat, qui a toujours son charme rêveur atténué çà et là par d'excessifs empâtements qui alourdissent la peinture sans lui donner de la force ; M. Rousseau, qui, cette année, papillotte outre mesure, paraît tout à coup pris de faiblesse, et dont un tableau ressemble à des lentilles répandues sur une ardoise; M. Desjobert, toujours soigneux et coloré; nous lui demandons cependant pourquoi, dans *le Préau de Saint-Maurice*, l'enfant tenu par sa mère a sur les yeux cette ombre portée qui lui fait un abat-jour de couleur sombre? M. Deshayes, qui a abusé un peu trop peut-être, malgré son talent réel, des silhouettes découpées en noir sur le ciel clair; M. Potémont, qui a de l'esprit et distribue bien ses rayons de soleil sous les saules où dorment les flâneurs; M. Émile Lapierre, qui croît chaque année, et qui a la manie, déjà signalée depuis longtemps, de toujours tacheter ses ciels; M. Anastasi, qui se livre à de violentes fantaisies à propos de soleil couchant, et qui exprime un joli sentiment dans *Chemin en hiver;* M. Charles Leroux, qui reproduit la douce et grasse nature des environs de Nantes avec un soin et un talent très-dignes d'éloges; M. Villevielle, qui arrive à la mollesse en cherchant la largeur et qui prend trop facilement de bonnes ébauches pour des tableaux terminés; M. Papeleu, qui, dans *les Dunes du Pas-de-Calais,* traite d'une main habile ces belles et profondes prairies toujours vivifiées et engraissées par le souffle salé de la mer ; M. Oudinot, qui copie M. Corot plus qu'il ne l'imite ; M. Courdouan, qui traduit magistralement les sévères et fortes beautés de la nature provençale ; M. Louis Ménard, qui a de jolis abris pour y coucher ses biches dans l'herbe humide du matin ; M. Saint-Étienne, dont la vue de *Noria* m'a rappelé les toiles largement lavées de Lessore ; M. Busson, qui, dans *les Landes près Tartas*, a une couleur blonde charmante et une incalculable profondeur ; M. Achard, qui joue, encore un peu lourdement, mais de bonne façon, avec la verdure et le soleil ; M. Antiq, en qui je salue un débutant qui a un vif sentiment de la nature et une main agile qui me semble pleine de promesses ; M. Salzmann, qui semble avoir grisonné son *Ponte-Mamolo* en le frottant aux toiles de M. Corot ; M. Bentabole, qui nous montre un *Tombeau de Chateaubriand* solidement peint et d'une bonne intelligence de la mer ; M. Hagemann, qui s'est trop souvenu du *Printemps* de M. Daubigny en peignant le sien ; M. Saal, qui procède si bien d'André Achenbach, qu'on croirait volontiers qu'il a copié un de ses clairs de lune ; M. Xavier de Cock, qui est loin d'être aussi vaillant en 1859 qu'en 1857, qui a toujours une qualité exquise de vert, mais qui fera bien de renoncer à l'abus des glacis qui finirait, s'il n'y veille, par le conduire à mal; M. Baudit, dont *le Viatique en Bretagne* est une fort belle toile, lumineuse, impressionnante et sagement peinte; M. Lambinet, qui se ressemble tant, qu'on croirait qu'il se copie, si sa facture n'était supérieure aujourd'hui à celle des autres années; M. Imer, dont la brosse est encore un peu indécise et molle, mais qui choisit parfaitement ses motifs et qui aide son coloris, naturellement agréable et harmonieux, par une sorte de sentiment rêveur plein d'un attrait profond; et enfin M. Paul Gourlier, dont le talent, augmenté chaque année, arrive aujourd'hui à de très-précieux résultats; *la Villa Borghèse* est une très-belle toile, qui paraît cependant avoir été peinte en deux fois; de jolies figures de M. Baron s'y promènent devant des arbres traités de main de maître; *les Bords du Tibre* nous montrent l'imposante silhouette de Saint-Pierre et du château Saint-Ange, se détachant noire et pourtant transparente sur les dernières lueurs du soleil couchant. Dans tous ses paysages, qu'ils soient empruntés à l'Italie ou à la France, il y a une pensée sereine qui émeut et qui est comme une émanation directe de la nature.

M. Corot est toujours le même ; sa rêveuse et douce peinture tourne dans un cercle qui ne se renouvelle pas et qui ramène naturellement les impressions un peu indécises et comme voilées qui, souvent déjà, nous ont charmé. Le ton gris qui donne à son coloris une certaine opacité, semble un nuage transparent à travers lequel on regarde la nature ; c'est d'une tranquillité attrayante qui repose et donne envie d'aller dans ces bois, sous ces futaies ombreuses, à travérs les herbes humides encore des rosées matinales. Il a beau donner à ses tableaux des titres ambitieux et les appeler : *Macbeth*, *Dante* et *Virgile*, ils ne représentent jamais qu'un aspect aimable et attendri. Il n'y a dans le talent de M. Corot rien de farouche, de violent, ni même d'exagéré ; sa peinture rappelle un peu ces vieilles pastorales naïves où le hautbois chante un air que la flûte reprend en écho ; ses qualités principales et essentielles sont la douceur et la rêverie, et son grand mérite est peut-être de n'en avoir pas cherché d'autres. *Le Souvenir du Limousin* est, de ses tableaux, celui qui aujourd'hui nous a le plus frappé, et nous adresserons à *l'Étude à Ville-d'Avray* le reproche d'être trop traitée en esquisse.

En 1857, nous avions remarqué une *Vue prise en Sologne* de M. Francis Blin, qui nous avait paru digne d'éloges ; à cette exposition, il arrive avec deux tableaux très-recommandables, et qui sont un important progrès. *Après l'orage* (*Bretagne*), est un très-hardi paysage et une fort habile peinture ; les dernières nuées de la tempête, ramassées à l'horizon en immenses volutes et éclairées par un reflet de soleil, roulent dans le ciel au-dessus d'une lande coupée par une route grise où la boue délayée s'étend comme un long tapis gris et humide ; de chaque côté, des tertres verts effondrés d'ornières l'accompagnent, et, au fond, on aperçoit un bouquet d'arbres qui s'égoutte ; nul homme ne passe, nul cheval ne fait jaillir la fange sous ses sabots, nul troupeau ne revient des champs. C'est la solitude, la profondeur et la lumière prises sur le fait ; ce tableau-là est fort bon et annonce l'avenir d'un maître. Nous en dirons autant de celui qui est intitulé : *Le Matin dans la lande.* L'effet un peu aigu des brumes gris perle, qui s'évanouissent peu à peu au lever du soleil, a été saisi et immobilisé sur la toile avec un exquis sentiment et un talent déjà très-sérieux ; là, non plus, personne ne passe, et devant les grands peupliers qui détachent leurs belles têtes moites sur le ciel frissonnant encore, on ne voit qu'une bande de corbeaux qui fouillent la terre et cherchent des mans. La brosse de M. Blin est sûre, grasse; son dessin est juste, l'air circule dans ses paysages ; il voit bien, il transmet bien ; je ne vois guère ce qui lui manque ; j'allais oublier de dire qu'il paraît affectionner les colorations blondes qui sont les plus belles, toujours les plus séduisantes, et celles que le temps respecte le mieux.

Le *Marais de la Campine*, par M. Knyff, mérite aussi de sincères éloges, malgré les tons trop noirs qui çà et là déparent l'harmonie générale, tout en lui donnant une extrême vigueur d'opposition. Il y a de l'horizon et surtout un sentiment de l'humidité poussé à l'extrême limite du vrai. L'eau passe sous les herbes et on la pressent encore là-bas, à l'horizon, vers ces prairies si lointaines qu'elles semblent se réunir au ciel. Si M. Knyff veut bien attendrir un peu son coloris, se tenir dans une gamme plus douce et se méfier des teintes sombres qui, tôt ou tard, feraient tache, il nous paraît certain qu'il arrivera à des résultats tout à fait supérieurs.

L'exposition de M. Daubigny est fort importante, et cependant elle ne vaut pas, pour nous du moins, *la Vallée d'Optevoz*, du salon de 1857. J'admire beaucoup le talent de cet artiste, qui est bien réellement ce que la littérature de l'Empire eût appelé « un amant de la nature. » Il l'aime en effet d'un amour exclusif et profond, mais il nous semble que son amour est encore trop respectueux. Quand il fait le portrait d'un des aspects de sa bien-aimée, il ose à peine accuser ses traits et formuler ses lignes; à force de vouloir lui laisser tout son sentiment, il hésite à accuser sa forme, et à force de vouloir être naïf, il arrive souvent à n'être qu'incorrect, comme dans toute la partie gauche des *Grèves au bord de la mer,* qui est si réellement négligée, qu'on peut croire que le peintre, surpris à l'improviste par l'ouverture de l'Exposition, n'a pas eu le temps de terminer son tableau. La peinture de M. Daubigny, pour laquelle nous professons une admiration très-sincère, correspond un peu trop à ce que, dans les lettres, on appelle la littérature de sentiment. Vous rappelez-vous la chanson du soldat qu'on doit fusiller ?

Puis on mettra mon cœur
Dans une serviett' blanche ;
On l' portra au pays
Dans la maison d' ma mie,
En lui disant v'là l' cœur
De votre serviteur !...

C'est plein de sentiment, j'en conviens volontiers ; mais ça n'a ni rime ni mesure ; les vers ne sont pas sur leurs pieds, et la grammaire y fait défaut ; ce n'est pas de la poésie, c'est un à peu près, et il me semble que la peinture de M. Daubigny ressemble un peu à cet à peu près. Nul pourtant ne sait mieux peindre que lui ; il connaît tous les secrets du métier ; a-t-il donc peur d'affaiblir l'impression de ses toiles en les terminant comme il convient ? Qu'il prenne garde cependant, car s'il lâchait un peu plus sa manière, il arriverait à peindre comme M. Carrand (*Paysage, effet de soleil couchant, 498*), qui ne peint pas du tout. Ces critiques faites, ou plutôt ces conseils donnés, qui nous pesaient au cœur, hâtons-nous de dire que *les Bords de l'Oise* sont un des plus remarquables paysages de cette exposition. Les grands arbres frais et très-vivants reflètent dans l'eau paisible leurs panaches ondoyants ; c'est très-profond et d'une simplicité de lignes et de couleur qui indique une main rompue à toutes les difficultés pratiques de l'art. *Le Lever de lune* est un étrange tableau reproduisant un effet rapide, à ce moment insaisissable où le jour n'est plus et où la nuit n'est pas encore; la lune est levée, blafarde, auréolée de brume, et elle éclaire de sa pâle lumière les terrains cultivés et le large chemin où marche un troupeau de moutons soulevant la poussière de ses pieds nombreux ; le nuage de poussière se mêle aux vagues brouillards, et donne à toute la composition un aspect grisâtre et transparent d'une puissance très-singulière.

M. Jadin retourne aujourd'hui vers le *paysage*, qui lui valut jadis ses premiers succès; sa *Vue de Rome prise de l'arco di Parma* est une toile d'un ordre très-élevé, peinte avec cette solidité qui est dans les habitudes de M. Jadin, et tout à fait exacte au point de vue du pays et de l'effet cherché. Nous reprocherons seulement à l'artiste d'avoir traité un peu trop à la façon de M. Decamps certaines parties de muraille, à gauche. Il est assez maître, il nous semble, par lui-même, pour pouvoir puiser toujours dans son propre fonds et ne point demander de secours aux manières étrangères. Nous signalerons dans ce tableau, comme extrêmement bien venu, tout le ciel doré et zébré par le soleil couchant, sur lequel se détache l'immense coupole de Saint-Pierre. Pour être revenu au paysage proprement dit, M. Jadin n'a pas abandonné ses chiens bien-aimés, et il a eu raison, car nul, comme lui, ne sait les faire vivre et penser. *Pas commode* est l'excellent portrait d'un animal difficile dans ses relations, d'humeur violente et querelleuse, bas sur pattes, fauve et blanc, prêt à mordre, denté comme un requin et grand amateur de mollets. Lorsqu'il le peignait, M. Jadin n'a-t-il pas versé une larme en pensant à *Milord?*

M. Jadin nous servira de transition naturelle pour parler des *animaliers*, qui, pour la plupart, ont fait cette année un effort important. Entendons-nous cependant, l'importance de l'effort est surtout dans la dimension de la toile ; le mauvais exemple donné en 1857 par M. Verlat a été suivi et nous a valu des tableaux gigantesques, qui n'ont aucune proportion avec la futilité du sujet. C'est puéril ; la dimension est comme le temps, elle ne fait rien à l'affaire. *Le Jour de gala*, de M. Philippe Rousseau, représente une bande de chiens de races différentes, qui se rue à belles dents sur une table copieusement servie. Il n'y a que des épisodes et pas d'ensemble ; ça a de grandes prétentions à la force, et ça laisse regretter les jolies petites toiles que M. Rousseau peignait si bien. M. Palizzi varie ses expositions d'une façon monotone : une année, il ne fait que des chèvres ; une autre, que des moutons ; celle-ci, que des veaux ; toute la viande de boucherie y passera : à quand les bœufs ? Certes, c'est une œuvre éternelle et profondément humaine que de manger des veaux ; mais vingt-cinq pieds de toile pour représenter une douzaine de veaux qu'on mène au marché, c'est beaucoup et c'est même trop. Ce grand tableau de la *Traite des veaux dans la vallée de la Touque* ressemble à ces papiers peints qui tapissent les chambres d'auberge. La diversité des couleurs n'est pas du coloris, et je regrette que M. Palizzi soit tombé dans cette erreur démesurée. A ce tableau, qui tire l'œil sans le satisfaire, je préfère hautement les quatre petits tableaux de *moutons* qu'expose M. Brendel. Il y a là une science de main, une finesse d'observation, une vérité fort remarquables et qui méritent de très-grands éloges. Je citerai encore trois bonnes toiles de M. Verlat, qui revient à des dimensions où son spirituel et fin talent est plus maître de lui; et des chevaux bien dessinés par M. Parquet, mais qui, comme couleur, paraissent avoir été argentés et dorés par le procédé Ruolz. Le maître, le vrai maître derrière lequel on se traîne pour l'imiter, mais que nul n'a pu égaler encore, reste donc M. Troyon, que, sans hésiter (j'en demande pardon aux gens de goût) nous préférons à Paul Potter. Nul, en effet, ne sait comme lui faire circuler l'air autour de ses personnages; nul ne traite les animaux avec cette science d'anatomie, cette sincérité puissante, et nul ne sait les faire mouvoir dans de plus beaux paysages. Tous ses tableaux sont là pour le prouver, et si nous aimons moins le *Départ pour le marché*, dont les tons criards dans la brume matinale nous paraissent un peu exagérés, nous ne pouvons que nous incliner et battre des mains devant les autres.

Il nous faut dire un mot de la *marine* et ce mot est pénible. Le maître est en défaillance, et l'*Incendie de l'Austria*, par M. Isabey, avec sa fumée en carton, ses grappes d'hommes suspendus, sa mer d'un bleu dur, nous ont fait regretter ces magnifiques marines qu'autrefois nous avons tant admirées. Si nous jugions par comparaison, nous trouverions certainement M. Isabey supérieur à M. Tanneur, qui a traité le même sujet d'une déplorable manière ; mais est-ce par comparaison qu'il faut juger ? Je ne le crois pas. Quel serait le tableau, et parmi les meilleurs, les plus aimés, les plus applaudis, les plus payés par le public, qui pourrait conserver une certaine importance, si, dans chaque salle de l'exposition, on accrochait, comme diapason artistique, un tableau d'ancien maître ? Que deviendrait M. Daubigny à côté de Claude le Lorrain ? et, sans remonter si loin, que deviendrait M. Yvon à côté d'Horace Vernet ?

VII

DESSINS. — AQUARELLES. — PASTELS. — MINIATURES. — ÉMAUX. — GRAVURES.

Si nous n'avions tenu aucun compte du procédé matériel par lequel les œuvres d'art se manifestent, nous aurions, sans hésiter, placé les dessins de M. Alexandre Bida parmi les tableaux d'histoire ; par leur style, par leur composition très-savante, par toutes les très-hautes qualités qui y dominent, ils sortent en effet du genre auquel ils semblent appartenir et méritent un rang très-élevé. Quoique forcément monochromes, ils ont tous les accidents de lumière et de couleur qu'on est en droit d'exiger d'un tableau ; je les mets, sans hésiter, à côté de ce magnifique portrait de M. Hippolyte Flandrin dont j'ai parlé aux premières pages de ce travail. M. Bida est un artiste dans l'acception la plus large du mot, il voit, il raisonne, il exécute. Il voit bien, il raisonne juste et il dessine d'une façon magistrale ; ces belles facultés lui donnent une place spéciale à notre triste époque, au milieu de ces nombreux artisans de la peinture qui voient mal, ne raisonnent jamais, et exécutent avec une prétendue largeur qui n'est, en somme, qu'une paresseuse impuissance mal déguisée. Je ne crains pas de dire que dans l'avenir les dessins de M. Bida auront la valeur des œuvres des meilleurs maîtres, car, à toutes les qualités générales qui constituent l'œuvre d'art, ils joignent une originalité simple et puissante qui les fait reconnaître à première vue. Dévoiler l'Orient dans sa faiblesse, dans sa grandeur, dans ses aspirations, dans ses coutumes, dans sa vérité en un mot, paraît être le but que M. Bida s'est proposé. Ce but, il y marche avec courage, et chaque année nous voyons son talent s'accroître jusqu'à devenir aujourd'hui une gloire réelle pour le pays.

Le don d'observation n'est pas une des moindres

qualités de M. Bida, et il nous le prouve par *la Prière*. Des musulmans réunis dans une mosquée quelconque, tournés vers le *Keblé*, récitent les versets du Coran pendant que l'iman, prosterné sur le *Mimbar*, donne le ton à la prière. Ils sont debout, pour la plupart, dans ces poses recueillies et comme absorbées de l'Arabe en oraison ; un jour fin et très-lumineux circule autour des fidèles et fait valoir le pur dessin des contours, l'exactitude des costumes et la précision des physionomies si variées dans ce pays où toutes les races méridionales se confondent dans une même croyance ; les voilà bien tous avec leur type particulier qui est comme le sceau de leur patrie spéciale. Voici le Turc, opaque, lourd, aux jambes torses, à l'œil éteint, à la joue pendante, homme de sabre et de débauche, n'ayant d'autre droit que celui de la conquête qui en a fait une brute ; voici l'homme du Hedjaz, l'Arabe pur sang, poëte, rêveur, batailleur, toujours prêt à la guerre sainte, admirable spécimen de cette race qui est peut-être la plus élégante du monde ; voici le Nubien, pauvre être demi-nu, infatigable et honnête travailleur qui aime a terre natale d'une passion attendrie, et qui porte sur son visage la tristesse des vaincus; voici le lamentable et résigné fellah, que les pachas bâtonnent, rançonnent et tuent; voici le Syrien, marchand avant tout, fin, menteur, toujours pleurant misère, et cependant toujours riche; voici le Bédouin, venu du désert libyque sur son fauve dromadaire; en passant il a salué les filles de la vieillesse et le père de l'épouvante, c'est-à-dire les pyramides et le sphinx; les voilà tous en un mot, et nous ne saurions trop féliciter M. Bida de l'exquise recherche et de la science profonde qu'il a mises dans la composition et l'exécution de ce dessin.

La *Prédication maronite dans le Liban* est une œuvre plus importante et non moins belle que *la Prière;* des musulmans, nous passons aux catholiques, frères ennemis dont la lutte ne va peut-être pas tarder à recommencer.

« Hiram donna donc à Salomon des bois de cèdre » et de sapin autant qu'il en désirait. »

C'est, sur un tertre, au pied même des fameux cèdres dont il question au troisième livre des Rois, qu'un prêtre, vêtu de noir et coiffé du haut bonnet, explique la parole divine aux populations du Liban;

sortis de leurs beaux villages suspendus sous les arbres au flanc des montagnes comme des nids d'oiseaux, les hommes sont venus conduisant avec eux les femmes et les enfants; les cheiks sont là, sur leurs chevaux caparaçonnés; les femmes accroupies écoutent; quelques chèvres broutent l'herbe grasse; une jeune mère donne le sein à son nourrisson, et chacun prête l'oreille dans ces nonchalances d'attitudes, toujours un peu théâtrales, familières aux peuples orientaux. Les troncs immenses des cèdres, ces patriarches sacrés de la végétation, s'alignent dans le lointain comme une forêt antédiluvienne; un jour un peu sombre, tamisé à travers leur vaste feuillage, se répand doucement sur toute l'assemblée dont le prédicateur est le point culminant, à la fois le centre et le nœud. C'est d'un recueillement profond et d'une émotion très-attendrissante et très-vive.

Malgré les beautés de premier ordre qui distinguent les deux dessins dont nous venons de parler, nous leur préférons le *Corps-de-garde d'Arnautes*, qui nous semble plus complet encore et d'une portée très-haute. Dans une vaste salle, soutenue par des colonnes trapues à chapiteaux épais, une troupe de ces bandits qui ont trop fait parler d'eux dernièrement, sous le nom de bachi-bouzoucks, est réunie, fumant la pipe, jouant aux échecs, buvant l'araki et le café. Dans un coin, quelques pauvres filles de fellah, conduites dans ce bouge avec leur père, vieux besacier résigné à tout, sont accroupies contre la muraille et s'effrayent aux regards que les Arnautes jettent sur elles; dans l'autre coin, des jeunes gens à longs cheveux, vêtus avec une recherche voyante, aux lèvres sensuelles, échappés de Gomorrhe, fardés comme des filles, faibles, lâches et prévaricateurs, versent le café à ces honteux soldats, qui parfois s'éloignent avec eux, comme nous le voyons, par l'escalier qu'on aperçoit au fond. Ce dessin est simplement un chef-d'œuvre de coloris, de ligne et de lumière, et je n'y trouve à reprendre qu'un Anatoliote en veste brodée, appuyé contre une des colonnes et vu de dos; je trouve cette figure trop académique pour être tout à fait vraie, non pas dans son type, qui est très-exact, mais dans sa pose que je trouve forcée et voulue. Pour ceux qui savent regarder et réfléchir, tout l'Orient est là avec le secret de son affaiblissement et de sa démoralisation. Au-dessus des races natives et légitimes propriétaires du sol de leur patrie, il y a le Turc, l'Arnaute, c'est-à-dire la débauche, le vol, la violence; par lui et pour lui, la femme et l'enfant sont abjects; il ne demande pas, il prend, et quand on lui refuse, il tue. Qui l'en empêcherait? Il est le plus fort, il est le maître, il possède par le droit de la main droite, de la main qui porte le glaive; il a conquis, et c'est par pur effet de son bon cœur que tous ces vaincus ne sont pas réduits en esclavage et vendus comme des bêtes de somme ou des nègres du Soudan. M. Bida a parfaitement résumé, dans son dessin, la situation actuelle et intolérable de l'empire ottoman : la force brutale entre deux abjections, entre deux débauches. A quand la liquidation?

En 1857, nous avons loué comme il convenait *le Mur du temple de Salomon*, par M. Bida; une fort belle gravure en a été faite par M. Pollet, un maître du burin, et est exposée cette année. Elle est d'un très-puissant caractère et reproduit, en les faisant valoir encore, tous les détails de l'œuvre de M. Bida. M. Pollet expose aussi plusieurs aquarelles qui indiquent dans leur auteur un homme nourri aux fortes études artistiques et pour qui nulle difficulté ne peut plus exister; le nº 2487 est particulièrement beau et traité avec une *maestria* hors ligne.

Je ne puis m'empêcher de rire un peu dans ma barbe lorsque je pense à l'Académie des beaux-arts et aux tristes réflexions qu'elle doit faire, aux lamentations qu'elle doit tirer de sa vieille poitrine, en voyant les écarts auxquels se livre M. Chifflart, un de ses lauréats. Quoi, ces poules ont couvé ce canard! quoi, il a eu le grand premier prix d'histoire, et il fait du paysage; quoi, il a passé cinq ans à Rome, étudiant les maîtres classiques, et le voilà qui monte avec Faust et Méphisto sur le Blocksberg, à travers les épouvantements du walpurgisnactstraum? cela est inconcevable et blesse tous les canons! Que vont en dire les filles de mémoire et Apollon, le dieu qui porte l'arc d'argent? de quels exorcismes ne va-t-on pas accabler ce possédé? *Vade retro, Satanas! Chifflart, vade retro!* c'est M. Picot qui tiendra le goupillon et M. Abel de Pujol qui prononcera la formule. Hélas! il n'y a plus d'enfants. Gœthe est un grand misérable de conduire ainsi à mal les jeunes gens honnêtes et modérés. Passons! ce ne sont pas là nos affaires! Qu'il nous suffise d'avoir dit que ces dessins, ***Faust au sabbat***, ***Faust au combat***, sont d'un effet très-cherché, un peu mous de facture, et que dans le second nous avons remarqué un Méphistophélès d'un beau caractère.

Nous ajouterons cependant que M. Chifflart est un des artistes vers l'avenir duquel nous regardons avec le plus de confiance ; contrairement à la plupart des prix de Rome qui perdent vite à la villa Médicis les qualités d'invention dont ils étaient doués, il a conservé une imagination exubérante qui l'entraîne un peu loin aujourd'hui, mais que l'âge et l'expérience régleront facilement de façon à en faire une force sérieuse sur laquelle le peintre pourra s'appuyer. Les photographies, d'après les desseins de M. Chifflart, abondent chez les marchands, et elles font reconnaître une merveilleuse aptitude de composition et d'arrangement ; s'il y a trop de fougue encore, ne nous en plaignons pas, c'est un de ces beaux défauts qui ne s'en vont que trop vite avec la jeunesse ; dans ce temps de pénurie artistique où nous sommes condamnés à vivre, de pareils efforts, même lorsqu'ils sont trop violents, font plaisir à voir, car ils font espérer qu'on va enfin trouver un homme capable de décorer nos grands monuments publics, abandonnés jusqu'à présent à des peintres de boudoirs ; nous remettons à une exposition prochaine notre jugement sur la façon de peindre de M. Chifflart ; il nous est difficile de l'apprécier définitivement aujourd'hui d'après *le Passage des Moutons dans les environs de Tivoli*, où nous remarquerons cependant une certaine sauvagerie qui peut-être sera bientôt une louable et solide vigueur.

Le Meneu de loups, par M. Maurice Sand, est un de ces jolis et ingénieux dessins au crayon noir sur papier bleu qui déjà eurent un légitime succès au salon de 1857. A travers les grands nuages sombres qui zèbrent le ciel, la lune nous apparaît au-dessus de quelques roches qui ressemblent bien à des men-hirs et à des dolmens. La campagne est nue ; à peine aperçoit-on quelques bouquets d'arbres dans le lointain ; le sorcier est sorti de sa chaumière, jouant du biniou à toute poitrine, et voilà que de tous côtés les loups accourent, hurlant d'aise, brillant, dans leurs yeux, d'une lueur allumée au feu d'enfer, frétillant de la queue, dressant l'oreille et faisant cortége au terrible

Meneu. C'est d'un crayon fort habile, d'un effet très-vif et d'un fantastique simple parfaitement réussi.

Les aquarelles de M. Hildebrandt sont plus nombreuses que bonnes, quoique faciles. Nous en avons aperçu quelques-unes qui sont lestement et habilement traitées. *L'Alfred de Musset*, mis en peinture par M. Eugène Lami, n'est pas heureux; c'était bon à garder en album et non pas à montrer au public, qui a une tout autre et plus juste idée du chantre de *Rolla*. Le vrai maître de l'aquarelle est, cette année, M. Pils. L'*École à feu, à Vincennes*, est enlevée avec une sûreté de main, dessinée avec une justesse et lavée avec une habileté peu communes; mais pourquoi avoir gouaché les guêtres, les buffleteries et même des croupes de chevaux? les *blancs* ménagés sont toujours bien plus doux et bien plus harmonieux.

Les portraits au crayon noir et de grandeur naturelle, par M. Amaury-Duval, sont très-beaux et d'une largeur que cet artiste n'avait pas encore atteinte; nous signalerons surtout le n° 38 et le portrait d'Alphonse Karr, ce Dioclétien de la littérature. *La Prière*, par Mme Becq de Fouquières est un excellent pastel, fait par une main habile, bien composé, solidement traité et d'un charme très-réel. Nous citerons aussi les miniatures de Mme Lehaut qui sont hardiment peintes, et celles de Mlle Morin qui sont remarquables, quoique un peu froides.

M. Marc Baud reste décidément le maître émailleur par excellence ; son *Agar*, d'après le Dominiquin, est un émail plat d'une rare importance; c'est chaud et vrai de couleur comme le tableau lui-même vu par le petit bout de la lorgnette ; mais quelle étrange idée ce Zampieri se faisait du désert ! Je vivrais volontiers dans celui qu'il nous montre si j'aimais l'ombre et la fraîcheur des grands arbres ! Le cadre même de cet émail est fort beau et fait en imitation de ces splendides émaux de Limoges, dont le secret semblait perdu; les ornements en sont composés avec un grand soin et s'agencent d'une belle manière avec les figures sveltes, élégantes et fines qui en sont le motif principal. La *Vénus*, d'après M. Gleyre, est aussi une pièce de premier ordre; je vois avec plaisir qu'elle appartient à la manufacture de Sèvres ; les établissements nationaux, soutenus par le budget, s'honorent et prouvent l'intelligence de leur direction en s'attachant et en retenant auprès d'eux des artistes aussi précieux que M. Marc Baud.

En lithographie, nous signalerons *la Garde de nuit*, d'après Rembrandt, un merveilleux chef-d'œuvre admirablement traduit par le puissant crayon de M. Mouilleron, et deux dessins du *Samson* de M. Decamps, *Samson tournant la meule* et *la Mort de Samson*, qu'on ne saurait trop applaudir M. Leroux d'avoir si parfaitement transportés sur pierre.

La Dispute du saint sacrement d'après Raphaël est incontestablement la plus belle gravure de l'exposition ; elle est de M. Joseph Keller, un Allemand que nous connaissions déjà à Paris ; le travail du burin est d'une extrême pureté, et il fait ressortir tout ce que cette fresque a de grandiose et de magnifique. C'est l'essai le plus important de gravure qu'on ait fait depuis bien des années, et il prouve heureusement que cet art si précieux et si difficile a encore de sérieux adeptes.

M. Alphonse Leroy expose l'admirable collection de fac-simile d'après les dessins originaux des maîtres qu'il est en train de publier. Le plus grand éloge que nous en puissions faire, c'est de dire que l'œil hésite à reconnaître le fac-simile de l'original, et nous croyons indiquer suffisamment l'importance de cette publication, et les soins et le talent qu'elle a dû exiger, en donnant ici la liste des gravures déjà parues et exposées aujourd'hui :

Sujet mythologique, d'après le dessin du Corrége de la collection du musée du Louvre.

Tête d'homme, d'après le dessin de Léonard de Vinci ; collection du musée du Louvre.

Judith, d'après le dessin de Mantegna ; collection de M. Gatteaux.

Étude pour une sibylle, d'après le dessin de Michel-Ange ; collection du musée du Louvre.

Tête d'homme, d'après le dessin de Rembrandt ; collection de M. Norblin.

Étude d'enfant, d'après le dessin de Léonard de Vinci ; collection de M. Desperet.

Composition pour la Dispute du saint sacrement, d'après le dessin de Raphaël ; collection de M. F. Reiset.

Étude pour le Festin des dieux, d'après le dessin de Raphaël ; collection de M. F. Reiset.

Enlèvement de Proserpine, d'après le dessin de Jules Romain ; collection de M. His de La Salle.

Étude d'ange pour la fresque des Sibylles, d'après le dessin de Raphaël; collection de M. F. Reiset.

L'Extrême-Onction, d'après le dessin du Poussin; collection du musée du Louvre.

Femme poursuivie par un satyre, d'après le dessin de P. Véronèse; collection de M. His de La Salle.

Tête de femme, d'après le dessin d'Andrea del Sarto; collection de M. His de La Salle.

Sainte famille, d'après le dessin de Paul Véronèse; collection du musée du Louvre.

Tête de jeune homme, d'après le dessin du Corrége; collection du musée du Louvre.

Étude d'ange, d'après le dessin du Pérugin; collection de M. His de La Salle.

Vierge sur un trône, d'après le dessin de Fra Bartolomeo; collection de M. His de La Salle.

Étude pour un Christ, d'après le dessin de Andrea del Sarto; collection du musée du Louvre.

La Prudence, d'après le dessin de Michel-Ange; collection de M. F. Reiset.

Paysage, d'après le dessin de Claude Lorrain; collection de M. Desperet.

VIII

SCULPTURE

Si nous avons constaté avec douleur un abaissement général dans le niveau de la peinture au Salon de 1859, que dirons-nous, hélas! de la sculpture qui, d'affaiblissement en affaiblissement, en arrive à une décadence si manifeste qu'on pourrait, jusqu'à un certain point, douter de son existence même. La critique se trouve dans un grand embarras en présence d'une pauvreté semblable; c'est une défaite radicale, et pour bien faire, il n'y aurait peut-être qu'à ramasser les morts; nous essayerons cependant avec indulgence de trouver encore çà et là quelques signes de vie; mais nous avouons d'avance notre découragement; où il n'y a rien le roi perd ses droits, et à de très-rares exceptions, il n'y a rien, sauf quelques bustes dont nous parlerons. Les sculpteurs n'ont pas à se plaindre du gouvernement cependant; jamais on n'a utilisé la sculpture comme aujourd'hui et il suffit de traverser la place du Carrousel pour apprécier la consommation de statues qu'on fait de notre temps. Malheureusement la quantité remplace la qualité et nous nous demandons avec une inquiétude que partagent tous ceux qui tiennent à cœur les œuvres libérales, si l'art des Jean Goujon, des Germain Pilon, des Houdon, des Coustou n'est pas absolument mort en France ?

Les derniers adeptes de cet art qui est peut-être le plus élevé de tous, si la difficulté constitue la primauté, David, Rude et Pradier, également remarquables tous trois en des conditions et par des qualités différentes, ont-ils donc si bien emporté et caché leur secret dans la tombe que nul ne puisse aller l'y dérober? Il n'y a plus de statues ; il n'y a plus que des statuettes ; elles ont beau avoir dix pieds de haut, ce n'en sont pas moins des statuettes; et suivant l'exemple donné par la peinture historique, voilà la statuaire qui devient de la sculpture de genre; des groupes prétentieux et de dimensions exagérées tels que *la Malaria*, gagneraient infiniment à être réduits aux proportions que ce sujet commande. Les artistes semblent s'imaginer qu'on fait de la grande peinture ou de la grande sculpture en faisant de grands tableaux ou de grandes statues; c'est insensé! un bout d'agraffe ciselée par Benvenuto Cellini est, au point de vue de l'art, plus important que toute l'exposition actuelle de sculpture, et un carré de papier crayonné par Michel-Ange, Léonard de Vinci ou Rembrandt vaut mieux que toute l'exposition de peinture.

Sous prétexte qu'il faut laisser les morts dormir en paix, notre premier sentiment, qui peut-être était le bon, avait été de ne point parler de sculpture; mais un remords nous a pris, et nous allons essayer de promener le lecteur à travers cette triste nécropole.

La Fileuse de M. Mathurin Moreau est, parmi les statues, celle qui nous a paru la plus remarquable; il y a de la grâce, un joli arrangement, un mouvement très-étudié et un agencement de lignes qui indique l'étude et la recherche du style ; la tête est peut-être un peu alourdie du côté des joues; mais l'œil est beau et toute la figure a un cachet de chasteté digne d'être loué à une époque où la statuaire semble n'avoir d'autre but que d'exhiber un tas de choses qu'on ne demande pas à voir. Sans avoir la force de la *Pénélope* de M. Cavelier, *la Fileuse* de M. Mathurin Moreau est une saine composition, simple de détail, agréable d'ensemble et qui fait d'assez sérieuses promesses.

On a un peu parlé de M. Millet, en 1857, à propos d'une *Ariadne abandonnée* qui offrait quelques qualités d'attitude ; son *Mercure* d'aujourd'hui ne lui fera pas grand honneur ; ses gros pieds plats doivent l'immobiliser sur terre ; il n'a aucune des qualités physiques que devait posséder ce dieu rapide et toujours par voies, par nuées et par chemins ; ce *Mercure* a cependant ce bon résultat qu'il fait penser à celui de Jean de Bologne, par cela même qu'il ne lui ressemble pas.

L'exposition de M. Carrier de Belleuse est importante et indique un talent chercheur ou, pour mieux dire, une aptitude qui trouvera sa voie. Sa *Mort du général Desaix* est un groupe dont l'agencement était difficile ; le mouvement en est bon et la composition heureuse. Dans les bras d'un hussard qui le suivait, le jeune général républicain, une des plus pures gloires de la France, est tombé, déjà affaissé dans la mort, et semble prononcer les paroles que la tradition lui a prêtées. Si l'on en croit Marmont, et il est croyable dans ses mémoires toutes les fois que sa vanité personnelle n'est pas trop en jeu, Desaix fut foudroyé ; « Desaix ne prononça point les belles paroles qu'on a mises dans sa bouche : il reçut une balle au cœur et tomba roide mort sans proférer un mot. La douleur fut grande dans l'armée. On lui a attribué des pressentiments sur sa fin prochaine. Il avait dit quelques jours auparavant : « Je crains que les boulets d'Europe ne me reconnaissent plus [1]. » Je ne blâme nullement M. Carrier de Belleuse d'avoir donné à son héros une attitude plus conforme à la légende qu'à la réalité, car la tradition est souvent plus vraie que

1. *Mémoires du maréchal duc de Raguse*, t. II, p. 137. Paris, Perrotin, 1857.

l'histoire, surtout pour les arts qui restent toujours libres d'interpréter un fait selon les besoins de la plastique. Ce groupe est donc digne d'éloge, c'est un de ceux qui attirent le plus justement les regards au Salon de 1859, et il faut louer son auteur d'avoir su tirer un aussi bon parti du costume moderne. *Jupiter et Hébé*, petit groupe en bronze par le même artiste, offre aussi de bonnes qualités d'agencement et de gracieuse disposition; l'influence des modèles de la renaissance s'y fait peut-être trop sentir; mais c'est un joli sujet, agréablement traité et dans des proportions modestes qui le font doublement valoir. *La Vestale*, buste en terre cuite, représente une figure voilée qui laisse deviner les traits derrière le voile qui le couvre. C'est habilement fait; mais ceci est moins de l'art que de la difficulté vaincue; cette difficulté a été abordée aussi cette année par M. Mathurin Moreau, dans *l'Avenir*, buste, et par M. Maillet dans sa statue d'*Agrippine portant les cendres de Germanicus*; est-ce que la facile surprise causée, en 1857, par *la Belle Nuit* de M. Bonnassé a excité l'émulation de ces messieurs, qui devraient, il me semble, avoir des ambitions plus hautes?

La Chute des feuilles de M. Schroder est un sujet élégiaque qui convient peu, selon moi, à la sculpture; M. Schroder l'a compris aussi sans doute, à son insu, car sa figure ressemble à une femme qui s'enveloppe d'une draperie et non à une poitrinaire, car je cherche en vain, sur ce visage rêveur, les traces du mal sans remède. Où est l'œil flottant dans l'orbite? où sont les pommettes saillantes? où sont les mains desséchées? où sont surtout les ongles bombés, ce signe infaillible qui trahit la maladie incurable? Le titre: *la Chute des feuilles*, m'a fait penser à la poésie de Millevoye; M. Schroder n'y a peut-être nullement songé, et peut-être n'a-t-il voulu représenter qu'une femme engourdie par l'automne, et regardant tristement les arbres se dépouiller au vent. Dans tous les cas, le sujet comportait une statuette propre à mettre sur une étagère, et non pas une statue de grandeur de nature comme celle de *l'Agrippina major* qui est au Capitole.

Nous ne dirons rien d'une *Vierge* dorée sur tranche par M. Oudiné, ni d'une *Vénus rustique*, épaisse, lourde, sans force, et pompeusement baptisée en grec par M. Clère, ni d'un *David* qui ressemble à un gamin furieux jetant des pierres avec une fronde, par M. Ramus, ni d'un *Jeune pêcheur* de M. Durst, qui rappelle trop *l'Enfant à la tortue* de Rude, sans le faire oublier, ni d'un autre *Jeune pêcheur* de M. Carpeaux, joli sujet propre à faire une pendule, et nous demanderons à M. Gumery où il a vu des moissonneurs tout nus ? M. Guillaume, en 1855, avait déjà exposé un *Faucheur* aussi peu vêtu. M. Gumery habille le sien d'une feuille de vigne en peau de chèvre. Mais de quelle stérilité sont donc frappés les artistes, pour que, dans le court espace de quatre ans, deux sculpteurs, tous deux élèves de Rome, retombent dans un sujet tellement ridicule, qu'il ne peut être admis que par une convention presque impossible. Un homme tout nu, avec un chapeau, ne représente pas plus un *moissonneur*, qu'une femme toute nue, avec des souliers, ne représenterait une cuisinière. Je sais que le *nu* est, jusqu'à un certain point, la loi fondamentale de la sculpture, mais encore faut-il que cette loi puisse s'appliquer sans choquer outrageusement le bon sens ; ou bien, il faut admettre que la coiffure constitue le costume et l'instrument la profession ; soit, j'y consens : un homme tout nu, avec un chapeau à trois cornes sur sa tête et une épée à la main, c'est un général! Un homme tout nu, coiffé d'un bonnet de coton et armé d'un fouet, c'est un roulier! Un homme tout nu, portant un bonnet carré au front et un Code à la main, c'est un avocat! Une femme toute nue, la tête enveloppée d'une coiffe à grandes ailes et roulant un chapelet entre les doigts, c'est une sœur de charité! et ainsi de suite pour toutes les professions, jusqu'au suisse d'église qui n'aura pour vêtement que son tricorne et sa canne. Et parce que l'antiquité a souvent donné la nudité à ses dieux, on s'imagine, avec une simplicité excessive, qu'on imite les anciens en faisant nu un *faucheur* qui repasse sa faux. Je suis fâché que ces observations tombent sur M. Gumery, qui a du talent, et qui le prouve même dans cette figure hétéroclite, par l'étude qu'elle constate, par la précision du geste et par la profonde attention qu'il a donnée à l'attitude. Mais, pour Dieu, qu'on ôte le chapeau, la faux, la peau de bique, la pierre à repasser; qu'on mette un caleçon à ce personnage, et, puisqu'il faut absolument qu'il soit nu, qu'on l'intitule: *un Faucheur à l'école de natation*, alors nous serons d'accord.

Le nu mêlé aux draperies est sagement employé, du moins par M. Allasseur, dans son *Moïse sauvé des eaux*. La tête de la femme qui se penche pour recueillir le berceau flottant, sans être d'un archaïsme outré emprunté aux statues égyptiennes, est d'une très-élégante et très-fine réminiscence du type consacré ; ça a été pris dans une excellente mesure et qui seule mériterait d'être louée. Tout le groupe est disposé avec soin, de manière à faire valoir les détails importants, et garde cependant dans son ensemble une unité de lignes et d'action qui accuse des soins et une préoccupation artistique sérieuse.

M. Clesinger, LE PEINTRE Clesinger, a envoyé plusieurs bustes et plusieurs statues. Le meilleur buste, à notre avis, est celui d'une *Transteverine;* la meilleure statue est celle de *la Zingara*. Je suis assez embarrassé pour parler de M. Clesinger, peintre et sculpteur, sculpteur et peintre. Je sais qu'il a eu de grands succès, et je sais aussi que je n'ai jamais pu m'y associer. Je trouve sa peinture prétentieusement nulle, et je n'ai jamais aimé sa sculpture, que je trouve efféminée, pleine d'afféterie et presque malsaine. Toutes ses statues me paraissent être en neige qui a déjà reçu un coup de soleil : elles sont fondantes. J'y reconnais cependant une certaine puissance molle et lourde qui peut séduire au premier regard, mais qui, au second, ne peut cacher sa faiblesse maladive. Cette sculpture obèse et d'une sensualité blafarde, n'est point faite pour plaire; elle n'est ni forte ni gracieuse, et cependant elle affiche de grosses prétentions à la grâce et à la force. Ce n'est ni antique ni morderne; je n'y vois jamais une idée quelconque, la forme en est indécise, et plus je regarde, moins je comprends le bruit qui s'est fait autrefois autour des œuvres de cet artiste dont je n'ai jamais su apprécier que certains bustes assez magistralement traités. Son *Taureau romain* d'aujourd'hui a évidemment de recommandables qualités d'adresse et d'habitude; mais où est l'art, en tout ceci? je le cherche et ne le peux trouver.

L'ambition est louable, lorsqu'elle pousse l'artiste vers un but qu'il peut atteindre avec de l'énergie et du travail; mais lorsqu'elle lui montre un but que ses forces n'atteindront jamais, elle est dangereuse. Cette réflexion nous est suggérée par le groupe de M. Marcellin, représentant *le Corps de Zénobie, reine d'Arménie, retiré de l'Araxe.* Le talent de M. Marcellin ne nous semble pas destiné à mener à bien ces grandes machines qui, pour être complétement belles, demandent presque du génie ; il pourrait réussir mieux dans des sujets plus simples et plus intéressants. Il est fâcheux qu'il perde son habileté, qui est notoire, à ces pompeuses inutilités. Il faut être bien orgueilleux ou bien sûr de soi pour oser se passer de sujet ; c'est donner à croire qu'on imagine avoir cette puissance de créer à nouveau, don rare et qui n'a pas été le partage de dix hommes peut-être depuis que la terre roule sous le soleil ; pour les artistes qui n'ont qu'un talent d'une importance inférieure à celle des génies auxquels je viens de faire allusion, je crois que le choix du sujet mérite d'être étudié avec soin ; or, à notre époque, qui peut s'intéresser à Zénobie, à l'Arménie et même à l'Araxe ?

M. Maindron fut un des favoris de l'école romantique, et je me souviens encore du succès qui jadis accueillit sa *Velléda*. Il me paraît douteux cependant que M. Maindron ait jamais été un grand sculpteur, mais il est certain qu'il fut un artiste, dès son début. Un souffle avait passé sur lui et l'a doué d'une force qui, pour être irrégulière, n'en est pas moins considérable. Il a cette faculté extrêmement rare chez les sculpteurs modernes, et qui fit presque toujours défaut à Pradier lui-même, de savoir donner une expression très-intelligemment vivante à ses statues. Il sait les animer ; leurs yeux regardent et pensent ; leurs lèvres frémissent, et des réflexions souvent puissantes contractent leur face. Ceci n'est pas un petit mérite et compense certaines faiblesses de main, certaines hésitation d'ébauchoirs qui, çà et là, déparent ses meilleures œuvres et qu'aujourd'hui, je remarque dans la façon dont il a traité le ventre et la poitrine de sa *Geneviève de Brabant*. En revanche, le groupe est bien disposé, de façon à s'embrasser facilement d'un coup d'œil et à se présenter dans un ensemble bien conçu. Le visage de Geneviève m'a paru très-remarquable et d'une beauté sérieuse et inquiète qui est hors de tout reproche. C'est, en somme, un bon groupe qui fait honneur à M. Maindron. Sa *Velléda* a laissé un vif souvenir, sans doute, car j'en retrouve quelques traces dans *la Gaule* de M. Baujault, statue assez soignée, mais à laquelle une tête trop petite, quoique expressive, donne une disproportion frappante. La *Vierge gauloise marchant au sacrifice*, par M. Le Bourg, a de louables qualités d'élégance, de mouvement, de chasteté et de finesse; mais elle mériterait, en partie, quelques-uns des reproches que nous adressions au *Moissonneur* de M. Gumery. Une couronne dans les cheveux et une celta dans la main droite, me paraissent un costume trop léger pour une prêtresse de la vieille Bretagne, qui est un pays humide. Passons, car la statue est recommandable, mais nous aimions mieux *le Joueur de biniou* que nous avons vu en 1857.

La *Bacchante* de M. Bangillon est svelte et gracieuse; celle de M. Chambard saute comme un cabri, dans une pose où l'équilibre a été heureusement trouvé par l'artiste; mais je connais cette Bacchante, je l'ai vue en bas-relief sur bien des vases antiques. A ces deux statues, je préfère cependant *l'Automne*, statuette par M. Portheaux; une jeune femme *vêtue!* d'un beau costume de paysanne italienne à amples draperies, portant un panier de raisin et couronnée de pampres, soutient un enfant qu'elle embrasse; c'est fort joli et traité par un ciseau déjà habile; les bras sont peut-être un peu courts; les bras longs donnent beaucoup de grâce ; Pradier le savait bien, il le savait même trop quelquefois.

La chaste Suzanne, de M. Huguenin, fuit avec un rapide mouvement d'effroi bien étudié et rendu avec soin ; j'aime peu la tête, qui est un peu lourde et qui n'a guère qu'une expression de mauvaise humeur; mais les lignes de toute la figure sont agréables et bien disposées; *l'Innocence cachant l'Amour dans son sein*, par M. Caudron, est d'un joli arrangement, les draperies flottent naturellement et indiquent une main attentive et exercée; *Toujours et jamais,* par M. Émile Hébert, est un groupe très-étrange dont je comprends imparfaitement le titre. D'une tombe entr'ouverte sort l'affreux et fantastique fantôme de la mort qui, dans ses bras secs et de ses doigts crochus, a saisi une belle jeune fille qui, sur l'épaule hideuse, retombe pliée comme une fleur brisée. C'est moins peut-être de la sculpture que de l'ornementation; mais c'est d'une rêverie assez terrible et d'une exécution suffisante ; c'est à encourager, et nous pensons que cette tentative fait des promesses dont il faut tenir compte. *La Tendresse maternelle*, de

M. Gruyère, est un groupe satisfaisant ; c'est vrai d'attitude, le geste de la mère a été bien compris et bien rendu ; il est évident que M. Gruyère sait parfaitement son métier ; mais cela ne suffit pas, car dans toutes ses œuvres, depuis son *Mucius Scœvola*, qui date déjà de loin, jusqu'à son exposition d'aujourd'hui, le souffle a toujours manqué.

Il y a quelques statues de grands hommes ; hélas ! le musée de Versailles en est plein, les terrasses du Louvre en regorgent ; mais ce ne sont guère des œuvres d'art. Le *Tronchet* de M. Ferrat annonce une main exercée et une certaine recherche de style, et sa statue est aussi bonne que peut l'être de la sculpture officielle. *Le Charpentier de Saardam*, par M. Lebœuf, est une bonne et honorable étude d'après Pierre le Grand ; le personnage est bien campé et le *faire* général est sérieux. Il y a évidemment de belles aspirations en M. Lebœuf, et c'est aujourd'hui un des rares sculpteurs sur lesquels l'avenir puisse compter. La sculpture religieuse n'abonde pas ; le ciel en soit loué ! *Le saint Sébastien*, de M. Becquet a été conçu à un point de vue un peu tourmenté ; mais la recherche du mouvement est toujours digne d'éloges ; pendu encore à l'arbre où il a été percé de flèches, le corps du saint est affaissé dans la mort, les bras de ci, les jambes de là, mais dans une attitude vraie; au moins, dans cette statue, il y a un effort, un effort réel qu'il faut louer sans réserve ; *le Jésus enfant* de M. Aublet est très-gracieux de mouvements et de draperies, quoiqu'un peu plat encore; *le saint Thibaut* de M. Debay est une fort jolie statuette, étudiée avec soin et traitée avec conscience.

Les animaliers sérieux sont rares; M. Mène groupe toujours bien malgré son modelé un peu sec; M. Cain exagère son aridité; ses bas-reliefs ont l'air d'avoir été faits par un sculpteur en médailles; M. Fremiet ne vise plus qu'à l'esprit ou à l'extraordinaire, deux bonnes choses, mais avec lesquelles l'art n'a le plus souvent rien à voir.

Depuis longtemps déjà nous regrettons que M. Cavelier, l'éminent artiste auquel on doit *la Pénélope*, n'expose pas quelque œuvre importante. Il nous semble qu'il est un de ceux qui devraient donner l'exemple ; il a du talent, de l'invention, une célébrité justement acquise, et nous voudrions toujours le voir combattre au premier rang ; il n'est pas étonnant que les soldats s'endorment, quand les capitaines sont absents. Les bustes qu'il a envoyés cette année, je parle de celui d'Ary Scheffer et de celui de M. Henriquel Dupont, sont l'ouvrage le plus artistique de l'exposition de sculpture. J'aime surtout celui d'Ary Scheffer, dont le visage offrait des difficultés que M. Cavelier a vaincues tout en restant dans la stricte vérité de la ressemblance; il est ferme de ligne, modelé par une main magistrale et très-vivant d'aspect; celui de M. Henriquel Dupont est certainement fort beau aussi, mais je le trouve un peu amoli vers la région du front et des yeux.

M. Desprez a exposé une sorte de buste monumental d'un personnage débraillé pris à mi-corps, à gros ventre, à large poitrine, à face rieuse et de costume fort abandonné. C'est bon, d'un ciseau savant et d'une extrême habileté de main. Ce buste doit être d'une ressemblance parfaite: il vit, il rit, il souffle bruyamment et quoiqu'il soit fort laid, il a l'air bonhomme. C'est celui de M. Bullier, qui, m'a-t-on dit, est fort connu du côté du Luxembourg; nous n'aurions donc que des éloges a donner à ce portrait si la facture des cheveux n'était d'une sécheresse excessive.

Parmi les médaillons nous citerons seulement celui d'*Adolphe Gourlier* par M. Girard; c'est bien cette physionomie à la fois douce et sérieuse, ce front intelligent, cette bouche qui a dit tant de bonnes choses, et ces yeux bienveillants, spirituels et fins, que la mort, hélas! a fermés pour jamais.

Avant de terminer ce compte-rendu que nous avons écrit avec tristesse, car notre foi dans l'art français se trouve singulièrement compromise et diminuée en présence d'une exposition aussi radicalement nulle, nous donnerons un conseil aux artistes : qu'ils ne s'occupent pas exclusivement de leur main, ainsi qu'ils font; qu'ils pensent un peu a leur cerveau; la main fait l'ouvrier, le cerveau constitue l'artiste. Entre bien peindre un tableau et bien coudre un habit, il n'y a pas grande différence; l'important est de concevoir, d'avoir un idéal supérieur à celui de la foule et de parvenir à dégager un fait plastique sous son triple aspect de vérité, de beauté et d'expression. Pour arriver à ce résultat il faut avoir à son service une intelligence qui pense, compare et choisit; or, on développe son intelligence par le travail et la réflexion. Plus un homme sait, plus il peut ; et c'est, en grande partie, leur ignorance qui paralyse les artistes actuels. Quand leur cerveau élevé par l'étude, agrandi par la méditation, secondé par la semence spirituelle des poëtes, des philosophes et des historiens, aura conçu une œuvre et voudra l'exécuter, la main ne leur fera pas défaut, elle obéira, car elle n'est qu'une servante.

Qu'ils ne cherchent pas non plus les gains excessifs ; qu'ils aiment un peu plus la gloire et moins l'argent ; qu'ils rêvent d'art et non pas de billets de banque. Cette maladie, qui, des bas-fonds de la bourgeoisie s'est étendue jusqu'à eux, les étiole et les affaiblit avant l'âge ; c'est à elle que j'attribue cette peinture valétudinaire qui semble faite par des moribonds ; les débutants, ceux qui autrefois avaient toutes les audaces et toutes les belles folies de l'inexpérience, ressemblent aujourd'hui à des vieillards impuissants ; leurs œuvres font pitié et annoncent une carie du cœur et des os ; les vrais artistes n'ont jamais été ainsi, ils ont aimé l'art par-dessus tout, ils ont travaillé de toute leur âme et de toutes leurs forces, pour satisfaire leur conscience et non pour empiler des écus ; aussi que voyons-nous, à ce Salon de 1859 ? l'artiste le plus jeune, le plus vert, le plus hardi, le plus vaillant, le plus maître, en un mot, c'est M. Hippolyte Flandrin, né en 1809.

INDEX

A

B

C

D

F

G

H

I

J

K

L

M

O

P

R

S

T

V

W

Y

Z

FIN

TABLE

www.ingramcontent.com/pod-product-compliance
Lightning Source LLC
LaVergne TN
LVHW012328100826
845148LV00017B/534

* 9 7 8 2 0 1 2 5 7 1 3 2 7 *